现代企业财务管理与风险防范控制研究

王世欢 邱 婕 王 紫 ◎ 著

中国商务出版社
·北京·

图书在版编目（CIP）数据

现代企业财务管理与风险防范控制研究 / 王世欢，邱婕，王紫著. -- 北京：中国商务出版社，2023.5
ISBN 978-7-5103-4697-2

Ⅰ. ①现… Ⅱ. ①王… ②邱… ③王… Ⅲ. ①企业管理－财务管理－风险管理－研究 Ⅳ. ①F275

中国国家版本馆CIP数据核字(2023)第098617号

现代企业财务管理与风险防范控制研究
XIANDAI QIYE CAIWU GUANLI YU FENGXIAN FANGFAN KONGZHI YANJIU

王世欢　邱婕　王紫　著

出　　　版：	中国商务出版社		
地　　　址：	北京市东城区安外东后巷28号	邮　编：	100710
责任部门：	外语事业部（010-64283818）		
责任编辑：	李自满		
直销客服：	010-64283818		
总　发　行：	中国商务出版社发行部 （010-64208388　64515150）		
网购零售：	中国商务出版社淘宝店 （010-64286917）		
网　　　址：	http://www.cctpress.com		
网　　　店：	https://shop595663922.taobao.com		
邮　　　箱：	347675974@qq.com		
印　　　刷：	北京四海锦诚印刷技术有限公司		
开　　　本：	787毫米×1092毫米　1/16		
印　　　张：	11	字　数：	227千字
版　　　次：	2024年4月第1版	印　次：	2024年4月第1次印刷
书　　　号：	ISBN 978-7-5103-4697-2		
定　　　价：	68.00元		

凡所购本版图书如有印装质量问题，请与本社印制部联系（电话：010-64248236）

CCTP　版权所有　盗版必究　（盗版侵权举报可发邮件到本社邮箱：cctp@cctpress.com）

前　言

在中国社会经济快速发展的背景下，企业经济发展也较为迅速，在提高我国综合国力方面发挥着积极的促进作用。企业在运营过程中，较容易受到外界因素以及内部控制制度的影响，如果对于外部风险因素的把控以及内部控制的缺陷不能较好地应对，将会导致企业财务出现问题。企业财务管理风险是指企业在生产经营及资金运动过程中所面临的风险。作为企业，财务管理的目标是在组织企业的财务活动中处理企业的财务关系，从而使企业利润增长，达到最大化。财务部门的职责并不在于创造多少价值，而在于向企业管理层直接提供精确、有效的第一手信息，恰当合理的财务管理对于企业能否合理规避风险起到至关重要的作用，因此，研究企业财务管理风险及寻找控制风险的对策对于企业的长远发展具有重要意义。

本书共分七章，以现代企业财务管理与风险的基本理论为切入点，探究现代企业筹资管理、投资管理、营运资金管理、并购管理、财务预算管理及其风险防范控制的相关内容，在此基础上研究保险、电力、商贸以及房地产企业财务风险防范的实践。全书内容翔实、丰富，注重理论联系实际，具有较强的理论性、实践性和指导性。

在本书的撰写过程中，参考和借鉴了大量财务管理方面的理论研究成果，在此，对相关作者表示诚挚的谢意。在本书的撰写过程中，笔者虽力求完美无瑕，但恐有不足之处，对此，望各位专家、学者批评指正，并提出宝贵意见。

笔者

2023 年 3 月

目 录

第一章 现代企业财务管理与风险的基本理论 …………………………………… 1
    第一节 现代企业财务管理的概念界定 ……………………………………… 1
    第二节 现代企业财务管理的目标与环境 …………………………………… 5
    第三节 现代企业财务管理的原则及方法 …………………………………… 13
    第四节 现代企业财务风险的一般认识 ……………………………………… 21

第二章 现代企业筹资管理与风险防范控制 …………………………………… 28
    第一节 现代企业筹资管理概述 ……………………………………………… 28
    第二节 现代企业筹资渠道及方式的选择 …………………………………… 32
    第三节 资本成本与资产结构优化 …………………………………………… 38
    第四节 现代企业筹资风险与防范控制 ……………………………………… 47

第三章 现代企业投资管理与风险防范控制 …………………………………… 56
    第一节 现代企业投资管理概述 ……………………………………………… 56
    第二节 现代企业项目投资管理 ……………………………………………… 61
    第三节 现代企业证券投资管理 ……………………………………………… 65
    第四节 现代企业投资风险与防范控制 ……………………………………… 71

第四章 现代企业营运资金管理与风险防范控制 ……………………………… 77
    第一节 现代企业营运资金概述 ……………………………………………… 77
    第二节 现代企业现金与存货管理 …………………………………………… 80
    第三节 现代企业应收款项管理 ……………………………………………… 92
    第四节 营运资金风险与防范控制 …………………………………………… 101

第五章 现代企业并购管理与风险防范控制 …………………………… 108

第一节 现代企业并购概述 …………………………………………… 108
第二节 现代企业并购的价值评估 …………………………………… 118
第三节 现代企业并购的财务分析 …………………………………… 123
第四节 现代企业并购风险与防范控制 ……………………………… 128

第六章 现代企业财务预算管理与风险防范控制 …………………… 133

第一节 现代企业财务预算概述 ……………………………………… 133
第二节 现代企业的业务预算与专门决策预算 ……………………… 139
第三节 现代企业的总预算 …………………………………………… 142
第四节 现代企业预算风险与防范控制 ……………………………… 144

第七章 现代企业财务风险防范的实践研究 ………………………… 152

第一节 保险企业财务风险的防范控制研究 ………………………… 152
第二节 电力企业财务风险的防范控制研究 ………………………… 156
第三节 商贸企业财务风险的防范控制研究 ………………………… 159
第四节 房地产企业财务风险的防范控制研究 ……………………… 161

参考文献 ………………………………………………………………… 166

第一章　现代企业财务管理与风险的基本理论

第一节　现代企业财务管理的概念界定

企业财务管理（Financial Management）是企业组织财务活动、处理财务关系的一项经济管理工作。企业财务管理是企业管理的一个重要组成部分，是社会经济发展到一定阶段的产物。

一、企业财务活动

企业财务活动是以现金收支为主的企业资金收支活动的总称，具体表现为企业在资金的筹集、投资及利润分配活动中引起的资金流入及流出。

（一）企业筹资引起的财务活动

企业从事经营活动，必须有资金。资金的取得是企业生存和发展的前提条件，也是资金运动和资本运作的起点。企业可以通过借款、发行股票等方式筹集资金，表现为企业资金的流入。企业偿还借款，支付利息、股利以及付出各种筹资费用等，则表现为企业资金的流出。这些因为资金筹集而产生的资金收支，便是由企业筹资引起的财务活动。

企业需要多少资金、资金从哪儿来、以什么方式取得、资金的成本是多少、风险是否可控等一系列问题需要财务人员去解决。财务人员面对这些问题时，一方面要保证筹集的资金能满足企业经营与投资的需要；另一方面还要使筹资风险在企业的掌握之中，以免企业以后由于无法偿还债务而陷入破产境地。

（二）企业投资引起的财务活动

企业筹集到资金以后，使用这些资金以获取更多的价值增值，其活动即为投资活动，相应产生的资金收支便是由企业投资引起的财务活动。

投资活动包括对内投资及对外投资。对内投资主要是使用资金以购买原材料、机器设备、人力、知识产权等资产，自行组织经济活动方式获取经济收益。对外投资是使用资金购买其他企业的股票、债券或与其他企业联营等方式获取经济收益。对内投资中，公司用于添置设备、厂房、无形资产等非流动资产的对内投资由于回收期较长，又称对内长期投资。对内长期投资通常形成企业的生产运营环境，形成企业经营的基础。企业必须利用这些生产运营环境，进行日常生产运营，组织生产产品或提供劳务，并最终将所产产品或劳务变现方能收回投资。日常生产运营活动也是一种对内投资活动，这些投资活动主要形成了应收账款、存货等流动资产，资金回收期较短，故又被称为对内短期投资。

企业有哪些方案可以备选投资、投资的风险是否可接受、有限的资金如何尽可能有效地投放到最大报酬的项目上是财务人员在这类财务活动中要考虑的主要问题。财务人员面对这些问题时，一方面要注意将有限的资金尽可能加以有效地使用以提高投资效益，另一方面要注意投资风险与投资收益之间的权衡。

（三）企业利润分配引起的财务活动

从资金的来源看，企业的资金分为权益资本和债务资本两种。企业利用这两类资金进行投资运营，实现价值增值。这个价值增值扣除债务资本的报酬即利息之后若还有盈余，即为企业利润总额。我国相关法律法规规定企业实现的利润应依法缴纳企业所得税，缴纳所得税后的利润为税后利润又称为净利润。企业税后利润还要按照法律规定按以下顺序进行分配：一是弥补企业以前年度亏损；二是提取盈余公积；三是提取公益金，用于支付职工福利设施的支出；四是向企业所有者分配利润。这些活动即为利润分配引起的财务活动。

利润分配活动中尤为重要的是向企业所有者分配利润。企业需要制定合理的利润分配政策，相关政策既要考虑所有者近期利益的要求，又要考虑企业的长远发展，留下一定的利润用作扩大再生产。

上述财务活动的三方面不是相互割裂、互不相关的，而是相互联系、互相依存的。因此，合理组织这些财务活动就构成了财务管理的基本内容，即筹资管理、投资管理及利润分配的管理三方面。由于投资活动中的对内短期投资主要用于企业的日常运营，是企业最为频繁且相当重要的财务活动，因此，也有学者将财务管理的基本内容分为筹资管理、投资管理、营运资本管理、利润及其分配的管理四方面内容。

二、企业财务关系

企业在组织财务活动过程中与其利益相关者之间发生的经济关系即为企业财务关系。在企业发展过程中，离不开各种利益相关者的投入或参与，比如股东、政府、债权人、雇员、消费者、供应商，甚至是社区居民。他们是企业的资源，对企业生产经营活动能够产生重大影响。企业要照顾到各利益相关者的利益才能使企业生产经营进入良性循环状态。

（一）企业与其所有者之间的财务关系

企业的所有者是指向企业投入股权资本的单位或个人。企业的所有者必须按投资合同、协议、章程等的约定履行出资义务，及时提供企业生产经营必需的资金；企业利用所有者投入的资金组织运营，实现利润后，按出资比例或合同、章程的规定，向其所有者分配利润。企业同其所有者之间的财务关系体现着所有权的性质，反映着经营权和所有权的关系。

（二）企业与其债权人之间的财务关系

企业除利用所有者投入的资本金进行经营活动外，还会向债权人融入一定数量的资金以补充资本金的不足或降低企业资本成本。企业债权人是指那些对企业提供须偿还的资金的单位和个人，包括贷款债权人和商业债权人。贷款债权人是指给企业提供贷款的单位或个人；商业债权人是指以出售货物或劳务形式提供短期融资的单位或个人。

企业利用债权人的资金后，对贷款债权人，要按约定还本付息；对商业债权人，要按约定时间支付本金，若约定有利息的，还应按约定支付利息。企业同其债权人之间体现的是债务与债权的关系。

（三）企业与其受资者之间的财务关系

企业投资除了对内投资以外，还会以购买股票或直接投资的形式向其他企业投出股权资金。企业按约定履行出资义务，不直接参与被投资企业的经营管理，但按出资比例参与被投资企业的利润及剩余财产的分配。被投资企业即为受资者，企业同其受资者之间的财务关系体现的是所有权与经营权的关系。

（四）企业与其债务人之间的财务关系

企业经营过程中，可能会有闲置资金。为了有效利用资金，企业会去购买其他企业的债券或向其他企业提供借款以获取更多利息收益。另外，在激烈的市场竞争环境下，企业会采用赊销方式促进销售，形成应收账款，这实质上相当于企业借给了购货企业一笔资金。这两种情况下，借出资金的企业为债权人，接受资金的企业即为债务人。企业将资金借出后，有权要求其债务人按约定的条件支付利息和归还本金。企业同其债务人的关系体现的是债权与债务关系。

（五）企业与国家之间的财务关系

国家作为社会管理者，担负着维护社会正常秩序、保卫国家安全、组织和管理社会活动等任务。国家为企业生产经营活动提供公平竞争的经营环境和公共设施等条件，为此所发生的"社会费用"须由受益企业承担。企业承担这些费用的主要形式是向国家缴纳税金。依法纳税是企业必须承担的经济责任和义务，以确保国家财政收入的实现；国家秉承着"取之于民、用之于民"的原则，将所征收的税金用于社会各方面的需要。企业与税务机关之间的关系反映的是依法纳税和依法征税的义务与权利的关系。

（六）企业内部各单位之间的财务关系

企业是一个系统，各部门之间通力合作，共同为企业创造价值。因此，各部门之间关系是否协调，直接影响企业的发展和经济效益的提高。企业目前普遍实行内部经济核算制度，划分若干责任中心、分级管理。企业为了准确核算各部门的经营业绩，合理奖惩，各部门间相互提供产品和劳务要进行内部结算，由此而产生了资金内部的收付活动。企业内部各单位之间的财务关系本质上体现的是在劳动成果上的内部分配关系。

（七）企业与员工之间的财务关系

员工是企业的第一资源，员工又得依靠企业而生存，两者相互依存。正确处理好企业与员工之间的关系，对于一个企业的发展尤为重要，也是一个企业发展壮大的不竭动力。员工为企业创造价值，企业将员工创造的价值的一部分根据员工的业绩作为报酬（包括工资薪金、各种福利费用）支付给员工。企业与员工之间的财务关系本质上体现的也是在劳动成果上的分配关系。

第二节 现代企业财务管理的目标与环境

一、企业财务管理的目标

（一）企业价值最大化

企业价值的最大化是指企业通过对财务活动的管理，在考虑资金时间价值和风险报酬的情况下，不断增加企业财富，使企业的总价值达到最大，从而使企业投资者的财富达到最大。

1. 以企业价值最大化为目标的优势

一般来说，投资者投资于企业的目的是不断地获得投资回报，扩大自己的财富。他们是企业的所有者，企业价值最大化也就是所有者财富最大化。企业的价值不是简单的财务报表的账目数字，而是可以带给投资者报酬的潜在的获利能力。因此，对于企业的投资者来说，以企业价值为财务活动的最终目标是非常合理的。在这里，我们从股份有限公司和非股份有限公司两种企业类型的角度分析将企业价值最大化作为企业财务会计目标的合理之处。

（1）股份有限公司

在股份有限公司中，企业的价值主要以股票的形式体现。比如，甲公司为股份有限公司，甲公司的所有股票的市场价值总额就代表了甲公司的企业价值。显然，当股份有限公司的股票市场价格最高时，该公司企业价值也最大。那么对于股份有限公司的股东来说，他们所拥有的公司的股票市场价格就决定了他们的财富。所以，股份有限公司的价值最大化也就是股东财富最大化。为了实现企业价值也就是股东财富的最大化，企业必须想方设法地提高公司股票的市场价格。股票的价格会受到众多因素的影响，从企业内部来看，股票价格首先会受到每股收益增减的影响，其次还有人们对企业未来盈利能力高低及将面临的风险大小的判断。而企业股票价格的上升和下降又会导致企业价值或股东财富的变化。在股份有限公司中，企业价值对股东及企业的上述重要影响表明，将企业价值作为财务会计的最终目标是合理的选择。

（2）非股份有限公司

对于非股份制企业，其企业价值的确定只能靠理论上的公式来进行估算，计算公式如下：

$$V_0 = \sum_{t=1}^{n} P_t \Big/ (1+i)^t$$

在上式中，V_0表示企业的价值；P_t表示企业在t年获得的预期报酬；i表示对每年获得的报酬进行的贴现所用的风险调整贴现率；t表示获得报酬的时间；n表示获得报酬的持续时间。

由上式可以看出，企业的价值和企业在当年获得的预期报酬成正比，但是和风险调整贴现率成反比，也就是说，企业在进行生产经营活动时，其报酬和风险是共存的。必须考虑到报酬和风险两大因素，才能进行财务管理目标的总结。以此看出，在非股份有限公司中以企业价值最大化作为企业财务会计的目标也是有其合理性的。

2. 以企业价值最大化为目标的缺陷

但是，以企业价值最大化作为企业财务管理的最终目标也存在一定的局限性，具体表现在三方面：①它只适合于上市公司，对非上市公司则很难适用；②它只强调股东的利润，而对企业其他关系人的利益关注不够；③股票价格受多种因素影响，并非都是公司所能控制的，把不可控的因素引入财务管理目标是不合理的。

（二）企业利润最大化

利润最大化是指通过对企业财务活动的管理，不断增加企业的利润并使利润达到最大。在我国，利润作为考量企业经营成果的重要指标，其数量不仅体现了企业对国家经济的贡献，而且同企业内部员工的经济利益和福利待遇紧密相关。

1. 以利润最大化为目标的合理之处

把利润最大化作为企业财务会计的最终目标，在以下三方面表现出其合理性。

（1）与企业生产经营活动的目标相同。人类进行生产经营活动的目的是创造更多的剩余产品，在商品经济条件下剩余产品的多少可以用利润这个指标来度量。

（2）有利于企业加强资源的合理配置和管理。企业要追求利润最大化，就必须讲究经济核算，加强经营管理，改进技术，提高劳动生产率，降低产品成本，以上这些措施都有利于企业资源的有效利用，促进资源的合理配置和资源结构的优化，从而有利于经济效益的提高。

（3）有利于促进社会经济整体发展。企业实现了利润的最大化，就能给社会经济的增长和持续发展创造条件、提供基础，整个社会的财富就可能实现极大化，最终推动社会的繁荣和发展。

2. 以利润最大化为目标的缺陷

然而，以利润最大化为企业生产经营活动的最终目标也存在一定的缺陷，并表现出一定的局限性，具体体现在以下五方面。

（1）未考虑时间因素。在以利润最大化为企业生产经营活动的最终目标时，企业忽视了对利润实现时间以及资金的时间价值的考虑，在这样的情况下，企业很难正确判断不同时期利润的大小。

（2）未考虑风险因素。在企业的生产经营活动中，风险是同高利润同时存在的，往往是不可避免的。没有考虑企业获取利润时所承担的风险，可能使企业经营者不顾风险的大小去追求最大的利润从而给投资者的利益带来损害。

（3）未反映投入同产出关系。以利润最大化为企业生产经营活动的最终目标，忽视了投入的作用，没有反映出企业在生产经营活动中获得的产出同投入之间的关系。在这样的情况下，容易导致企业一味追求外延的扩大和规模的膨胀而忽视了效率的提高，企业为了实现经济目标，往往进行短期行为，这样不利于企业的长远发展。

（4）未考虑企业结构和市场变化。企业的规模和结构的变化对企业的生产经营活动也会产生非常大的影响；同时，商品市场的变化，比如市场出现繁荣或萧条，都会给企业的生产经营活动造成影响。这些因素都是企业在财务管理过程中应当考虑的。

（5）忽视了股东之间的效用倾向。企业的不同股东和债权人对企业的效用倾向期待是不一样的，以利润最大化为企业的经营目标就很难协调股东之间、股东同债权人之间的目标取向，因为股东和债权人不会同时都只追求利润的最大化，企业的债权人更注重企业的偿债能力和资产的流动性等。

（三）资本利润率最大化或每股利润最大化

资本利润率最大化或每股利润最大化指的是企业通过对财务活动进行管理，提高企业的生产经营活动盈利水平，从而实现企业资本利润率或每股利润的最大化。资本利润率是指净利润额与资本额的比率；每股利润也称每股收益，是指净利润额与普通股股数的比值。这两个指标将企业获得的净利润同投入的资本额或股本数之间的关系进行分析，能够在一定程度上说明企业的盈利率，可以在不同资本规模的企业或同一企业不同期间进行比较，揭示其盈利水平的差异。

但是将这两个指标作为企业财务会计的最终目标也存在两个缺陷：①以资本利润率和

每股利润最大化为最终财务管理目标，仍然没有考虑风险因素；②以资本利润率最大化和每股利润最大化为目标，没有考虑到资金的时间价值因素。

二、企业财务管理的环境

财务管理环境又称财务环境，是指对企业财务管理活动产生影响的各种企业内部条件和外部条件的统称。企业所处的内外部环境对企业的生存和发展有着至关重要的影响，了解企业的财务管理环境，可以提高企业对环境的适应能力、应变能力和利用能力，有助于企业财务管理目标的实现。企业财务活动在相当大程度上受财务环境制约，如生产、技术、供销、市场、物价、金融和税收等因素，对企业财务活动都有重大的影响。只有在财务环境的各种因素作用下实现财务活动的协调平衡，企业才能生存和发展。研究财务环境，有助于正确地制定理财策略。

（一）研究财务管理环境的意义

研究财务管理工作的环境有着十分重要的意义，主要表现在以下三方面：

首先，加强对财务管理环境的深入研究，可以加深对财务管理历史发展的规律性的认识，同时也可以在一定层面上预测财务管理未来发展的一些基本趋势，从而对财务管理工作会有更加深刻的理解和感知。通过对财务管理工作历史发展脉络的梳理，可以了解到，财务管理工作的开展会受到内外部各种环境的影响，但也可以看到，这些影响作用。因此，我们有必要对影响财务管理工作的环境进行深入的分析和阐述，以便更加深刻地认识到财务管理工作受财务管理环境的深刻影响。

其次，通过对财务管理环境的系统性研究，可以正确地了解到财务管理环境一些特征，这样有利于企业在进行财务管理工作时更好地去适应财务管理的环境，促进财务管理工作的进一步优化，并最终促进企业财务管理工作的发展。

最后，通过对财务管理工作环境的分析和研究，可以推动财务管理工作理论层面上的再发展。因为理论源于实践，但是理论最重要的作用在于可以用来指导实践，并最终促进实践的再发展。

马克思辩证唯物主义认识论认为，实践决定认识，是认识的基础。具体是指，实践是认识的来源，是认识发展的动力，同时实践也是检验认识的真理性的唯一标准，并且认识的目的和归宿也要回到实践的层面上，所以认识对实践也有着十分凸显的反作用。理论在某种层面上就是指人们关于事物的一种合乎逻辑的理解和进行的一定程度上的论述，是一种关于事物的规律性内容的总结。从这个角度来讲，理论是狭义上的认识。在研究财务管理工作的环境过程中，我们可以验证之前财务管理理论的正确与否，同时我们在某种程度上也可以进一步发展财务管理方面的理论。因为财务管理只有适应了环境，才会有生命力，才能进一步促进财务管理工作的开展。

总之，通过研究财务管理工作的环境，我们就可以对财务管理环境进行相应的变化，使得企业的财务管理工作尽可能地适应新环境，促进企业财务管理工作的完善，并最终促进企业的发展。当财务管理的内外部环境发生变化后，财务管理工作就要相应地发生一定的变化，尤其是要根据财务管理工作内外部环境可能变化的发展趋势做出客观角度的分析和预测，从而提高企业财务管理工作中财务决策的正确性和成功性，使得企业财务管理工作可以为企业的经营者提供正确的财政决策。

（二）财务管理环境的分类

财务管理环境是一个多层次、多方位的复杂系统，系统内各部分纵横交错，相互制约，对企业财务管理有着重要影响。

1. 按与企业的关系分类

财务管理环境按其与企业的关系，分为企业内部财务管理环境和企业外部财务管理环境。

企业内部财务管理环境一般均属微观财务管理环境。企业外部财务管理环境有的属于宏观财务管理环境。企业在制定财务战略时，其内部和外部环境之间存在着密切的联系。一方面，企业外部环境对企业内部环境有制约作用；另一方面，改善企业内部环境包括理财条件、组织关系、生产运作和营销管理等，可以增强企业实力，又对外部环境起反作用。全面了解企业内外部环境是确定企业财务战略目标并保证其顺利实施的重要先决条件。分析和评价这些因素的作用，是企业制定财务战略的出发点和重要依据。

2. 按变化情况分类

财务管理环境按其变化情况，分为静态财务管理环境和动态财务管理环境。

静态财务管理环境是指那些处于相对稳定状态的影响财务管理的各种因素，它通常指那些相对容易预见、变化性不大的财务环境部分，它对财务管理的影响程度也是相对平衡的，起伏不大。

动态财务管理环境是指那些处于不断变化状态的影响财务管理的各种因素。从长远的观点来看，财务管理环境都是发展变化的，都是变化状态下的财务管理环境。在财务管理中，应着重研究、分析动态财务管理环境，并及时采取相应对策，提高对财务管理环境的适应能力和应变能力。

3. 按企业对财务管理环境因素的控制性分类

财务管理环境按企业对财务管理环境因素的控制性，分为可控制财务管理环境和不可控制财务管理环境。

可控制财务管理环境是企业经过努力能够影响、改变或部分改变的环境，企业内部财务管理环境均属企业可控制财务管理环境。

不可控制财务管理环境指企业无法控制的财务管理环境，企业的外部环境很多都属于不可控制环境，如政治政策环境、社会文化环境等。

对可控制财务管理环境，我们应当充分利用各种手段与方法，营造有利于企业财务管理目标实现的环境；对不可控制财务管理环境，我们也应当采取一定的方法，识别和利用有助于企业财务管理目标实现的各种环境因素，规避不能控制的、不利于企业财务管理目标实现的因素。

4. 按包括的范围分类

财务管理环境按其包括的范围，分为宏观财务管理环境和微观财务管理环境。

宏观财务管理环境是指对财务管理有重要影响的宏观方面的各种因素，如国家政治、经济形势、经济发展水平和金融市场状况等。一般来讲，宏观环境的变化对各类企业的财务管理均会产生影响。

微观财务管理环境是指对财务管理有重要影响的微观方面的各种因素，如企业组织形式、生产状况、企业的产品销售市场状况和资源供应情况等。微观环境的变化一般只对特定的企业财务管理产生影响。

（三）企业财务环境影响的性质和特点

企业的财务环境对企业财务战略的制定与实施具有重大影响。因此，当今企业为了制定和实施财务战略，保证企业的长期生存与发展，就必须更加注重环境对经营理财的影响。进行财务战略环境分析，不仅要了解财务环境的内容，还要了解它对企业资本流动乃至对资本财务运营影响的性质和特点。

1. 环境影响的整体特点

（1）环境影响的整体性

企业的财务环境包括多种因素，在某一特定时期内，不同的环境因素对企业资本流动的影响程度是不同的。尽管各种因素对资本流动的影响具有一定的独立性，但它们又是作为一个整体对资本流动起作用的。因此，在进行财务战略环境分析时，必须把它作为一个整体，充分考虑各因素对资本流动、资本运营管理影响的综合性、联系性，而不能只考虑个别因素的影响。

（2）环境影响的复杂性

企业财务环境是一个多层次、多要素的集合体，表现出明显的复杂性。①财务环境对企业资本流动的影响是多种多样的。有些影响是积极的，有些影响则是消极的，甚至是相互矛盾和冲突的；同样的环境因素对某个企业来说可能是机会和优势，而对另一个企业来说可能是威胁和劣势。②各环境因素之间又相互影响、作用和制约。例如，技术进步速度会受到国家政策和经济发展水平的制约和影响，经济状况的改进又需法律政策的保证。③环境因素太多，其对资本流动的影响程度也有极大差别。任何企业也无法对全部环境因素及其对资本流动的影响进行监测、评估和预测，只能设法找出与本企业资本流动关系最为密切的因素。

（3）环境影响的不确定性

这种环境影响的不确定性：①表现在环境因素的变化速度上。由于社会生产力的发展和生产关系的变革，财务环境总是处于不断发展变化之中，但各种环境因素不是同步变化。一般来说，技术环境、经济环境，特别是市场环境、金融环境变化迅速而剧烈，社会环境由于受习惯势力的影响而变化较慢，自然环境则可能长期保持基本不变。②表现在财务环境信息和情报的掌握上。信息情报本身不准确和信息传递中的失真都会使信息接收者无法准确了解财务环境的变化。③表现在财务环境对企业资本流动的影响上，在很多情况下，这种影响的方向和程度也都有较大的不确定性，很难做出非常准确的估计或判断。

另外，经济全球化已成为现代经济发展的新特点，与之相适应的是企业巨型化、经营多元化、市场全球化也成为现代企业发展的新导向。所以，现代企业经营理财的范围就必须从企业内部扩展到全世界。目前，各国政治制度和生产关系不同，生产力发展水平不一，文化传统、风俗迥异，这些都加大了财务环境的复杂性和不确定性。[①]

应该指出的是，财务管理的实践表明，面对财务环境的影响，企业也不是完全无能为力的。也就是说，财务环境因素对企业资本流动以及财务管理战略产生影响，而企业也可以通过财务管理战略反作用于环境，可以改变甚至创造适合本企业发展及资本运营所需要的新环境。

2. 企业外部环境的特征

（1）企业外部环境的复杂性

外部环境的复杂性是指环境因素数量巨大、性质复杂，且各因素间彼此相互关联，往往牵一发而动全身。这种复杂多样性不仅表现在环境因素数量的多寡上，还表现在环境因

---

① 刘志远. 企业财务战略[M]. 大连：东北财经大学出版社，1997.

素种类的多样化方面。随着时代的发展，企业作为一个动态开放的系统，其外部环境因素也将随着时代的发展而发展，因而企业所面临的外部环境会变得更加复杂多样。特别是我国加入世界贸易组织以后，我国企业不可避免地面临来自外部市场严峻的挑战。

（2）企业外部环境的多变性

企业的外部环境总是处于不断变化的状态之中，有些变化是可预测的，是渐进式的；而有些变化是不可预测的、突发性的。外部环境的多变性，要求企业的外部环境分析应该是一个与企业环境变化相适应的动态分析过程。财务战略的选择也应依据外部环境的变化做出修正或调整。

（3）企业外部环境的相对唯一性

两个同处于某一产业的竞争企业，由于它们本身的特点和眼界不同，对环境的认识和理解是不同的，因而对每个企业来说，它面对着自己唯一的外部条件，也就是说企业面临相对单一的外部环境。环境相对唯一性的特点，要求企业的外部环境分析必须具体情况具体分析。不但要把握住企业所处环境的共性，也要抓住其个性。同时，企业的财务战略选择不能套用现成的战略模式，而应该根据自身的特点，形成独特的财务战略风格。[1]

（4）企业外部环境的相对稳定性

企业外部环境的相对稳定性是指在企业生产经营的一段时期内，企业在产业中的位置、法律条例、经济政策等外部环境具有一定的连续性，在此期间不会出现巨大变化。面对稳定性高的环境，企业可以用过去的经验、知识处理经营中的问题；面对稳定程度低的环境，企业就无法仅用过去的知识、经验去处理经营中的问题。随着环境稳定程度的降低，环境的可预测性随之降低，不可预测性则逐渐提高。

3. 企业内部环境的特征

财务战略制定的企业内部环境主要包括其财务状况、产品线及竞争地位、生产设备状况、研发能力、营销能力、人力资源状况、组织结构、企业既往确定的财务战略目标和曾经采用过的财务战略等。人们往往注意到企业外部环境的诸多特征，而忽视了企业的内部环境特征。企业内部环境的主要特征如下：

（1）企业内部环境的差异性

企业所拥有的资源状况构成了企业的内部环境，由于企业所拥有资源的种类、数量的不同造成了企业与企业之间是各不相同的，即使是位于同一产业中的企业，它们彼此之间也存在差异，即企业有异质性的特征。这种差异性导致了内部环境分析的必要性，要想了解一个企业所拥有的优势和劣势，必须从内部环境分析入手。

---

[1] 黎精明，兰飞，石友蓉. 财务战略管理[M]. 北京：经济管理出版社，2014.

(2) 企业内部环境的复杂性

与外部环境一样，企业内部环境也具有复杂性。复杂性一方面来自资源具体表现形式的多样性；另一方面是由于有些资源难以辨识、难以量化，这种复杂性成为企业相互模仿的壁垒。难以模仿的企业优势资源成为企业获取持久竞争优势的源泉。因此，要想辨识企业的核心竞争能力，进而做出恰当的财务战略，企业内部环境分析是重要的基础。

第三节 现代企业财务管理的原则及方法

一、企业财务管理的原则

财务管理的原则是企业组织财务活动、处理财务关系的准则，它是从企业财务管理的实践经验中概括出来的、体现理财活动规律性的行为规范，是对财务管理的基本要求。根据以上认识，可以将财务管理原则总结为以下七条：

（一）收益风险均衡原则

在市场经济的激烈竞争中，进行财务活动不可避免地要遇到风险。财务活动中的风险是指获得预期财务成果的不确定性。企业要想获得收益，就不能回避风险，可以说风险中包含收益，挑战中存在机遇。风险收益均衡原则，要求企业不能只顾追求收益，不考虑发生损失的可能，要求企业进行财务管理必须对每一项具体的财务活动，全面分析其收益性和安全性，按照风险和收益适当均衡的要求来决定采取何种行动方案，同时在实践中趋利避害，争取获得较多的收益。

（二）利益关系协调原则

企业财务管理要组织资金的活动，因而同各方面的经济利益有非常密切的联系。在财务管理中，应当协调国家、投资者、债权人、经营者、劳动者的经济利益，维护有关各方的合法权益，还要处理好企业内部各部门、各单位之间的经济利益关系，以调动它们的积极性，使它们步调一致地为实现企业财务目标而努力。企业内部和外部经济利益的调整在很大程度上都是通过财务活动来实现的。

在经济生活中，个人利益和集体利益、局部利益和全局利益、眼前利益和长远利益也会发生矛盾，而这些矛盾往往是不可能完全靠经济利益的调节来解决的。在处理物质利益关系的时候,一定要加强思想政治工作,提倡照顾全局利益,防止本位主义、极端个人主义。

(三)分级分权管理原则

在规模较大的现代化企业中,对财务活动必须在统一领导的前提下实行分级分权管理。统一领导下的分级分权管理,是民主集中制在财务管理中的具体运用。

统一领导下的分级分权管理,包含专业管理和群众管理相结合的要求。企业财务部门是专职财务管理部门,供产销等部门的管理则带有群众管理的性质。通常在厂部、车间两级设有专职财务人员,在班组、仓库则由广大工人直接参加财务管理。统一领导下的分级分权管理,从某种意义来说,也就是在财务管理中实行民主管理。

(四)资金合理配置原则

企业财务管理是对企业全部资金的管理,而资金运用的结果形成企业各种各样的物质资源。各种物质资源总是要有一定的比例关系的,所谓资金合理配置,就是要通过资金活动的组织和调节来保证各项物质资源具有最优化的结构比例关系。

因此,资金合理配置是企业持续、高效经营必不可少的条件。

马克思曾深刻地分析了各种资金形态并存性和继起性的规律问题。他指出:"资本作为整体是同时地、在空间上并列地处在它的各个不同阶段上。但是,每一个部分都不断地依次由一个阶段过渡到另一个阶段,由一种职能形式过渡到另一种职能形式,从而依次在一切阶段和一切职能形式中执行职能。因此,这些形式都是流动的形式,它们的同时并列,是由于它们的相继进行而引起的。"社会主义企业的资金也是这样。只有把企业的资金按合理的比例配置在生产经营的各个阶段上,才能保证资金活动的继起和各种形态资金占用的适度,才能保证生产经营活动的顺畅运行。

(五)收支积极平衡原则

在财务管理中,不仅要保持各种资金存量的协调平衡,而且要经常关注资金流量的协调平衡。

企业取得资金收入,意味着一次资金循环的终结;企业发生资金支出,则意味着另一次资金循环的开始,所以资金的收支是资金周转的纽带。要保证资金周转顺利进行,就要求资金收支不仅在一定期间总量上求得平衡,而且在每一个时点上协调平衡。收不抵支固然会导致资金周转的中断或停滞,但如全月收支总额可以平衡,而支出大部分发生在先、收入大部分形成在后,也必然要妨碍资金的顺利周转。资金收支在每一时点上的平衡性,是资金循环过程得以周而复始进行的条件。

资金收支的平衡，归根到底取决于购产销活动的平衡。企业既要搞好生产过程的组织管理工作，又要抓好生产资料的采购和产品的销售，要购、产、销一起抓，克服任何一种片面性。

（六）成本效益原则

在企业财务管理中，既要关心资金的存量和流量，更要关心资金的增量。企业资金的增量即资金的增值额，是由营业利润或投资收益形成的。因此，对于形成资金增量的成本与收益这两方面的因素必须认真进行分析和权衡。成本效益原则就是要对经济活动中的所费与所得进行分析比较，对经济行为的得失进行衡量，使成本与收益得到最优的结合，以求获取最多的盈利。

企业的一切成本、费用的发生，最终都是为了取得收益，都可以联系相应的收益进行比较。进行各方面的财务决策，都应当按成本效益的原则做出周密的分析。因此，成本效益原则在各种财务活动中广为运用。

（七）股东价值驱动原则

企业价值，简单地说，就是公司的市值，即投资者购买公司股票时愿意支付的价钱，也就是股东财富。投资者或者说资本的天性就是孜孜不倦地追逐私利。因此，从这个意义上说，企业价值最大化也可以认为就是股东价值最大化。企业经营者要想获得资金，就必须将实现股东财富利益作为诸任务中的重中之重，在战略导向上，财务战略管理应被确立为"股东价值驱动战略"。

以股东价值为导向是财务战略管理最基本的属性。然而，股东价值对于就业、社会责任、环境等的重要性，历来是并且仍然是人们激烈争论的话题。就西方发达国家而言，欧洲大陆国家对企业目标有着不同的认识，比如，按照荷兰法律，大公司董事会的根本职责就是保证公司的生存，而不是代表股东追求价值最大化。德国的公司治理机制也有类似的规定。本书认为，有两个原因促使管理者应把重心放在股东价值的创造上：第一，在多数发达国家，股东的影响已经主宰了高层管理者的日常工作。第二，以股东为导向的经济体制比其他经济体制的绩效更好，其他利益相关人也不会因股东的利益而遭受损失；相反，从战略意义上看，他们的利益是一致的。[①]

股东价值日益重要。促使股东价值日益重要的因素有以下四个：

---

① 黎精明，兰飞，石友蓉. 财务战略管理 [M]. 北京：经济管理出版社，2014.

第一,许多管理团队无法对所在行业发生的重大变化做出有效反应,因而在20世纪80年代出现了活跃的公司控制权市场。1982年,美国经济在经过长期的高通货膨胀和低经济增长之后开始复苏。许多产业部门都需要进行重大重组。同时,养老基金和保险公司开始把越来越多的资金提供给新类型的投资者,从而导致杠杆收购的出现,并最终导致了公司控制权市场的产生。公司控制权市场产生的根本前提是:只要其他可能的管理团队使用其他可能的战略也不能极大地提高公司价值,目前的管理者就有权管理公司。相应地,若用股东价值作为衡量标准,公司绩效就会成为变革的主要驱动因素。

第二,在美国和许多欧洲国家,多数高层管理者的报酬中,基于股权的各种报酬形式越来越重要。在20世纪70年代中期的美国,人们日益担心管理者利益和股东利益之间的分歧。在一定程度上,这种担心反映了人们对不断下降的公司利润和停滞的股票价格的焦虑和不安。许多学者纷纷呼吁重新设计管理者薪酬激励机制,使之与股东利益的关系更为紧密。在美国,股票期权是多数高层经理报酬的一个组成部分。同一时期,对董事会的批评也增加了,人们批评他们忽略了代表股东利益的职责。于是就开展了一场这样的运动:要求非执行董事在所代表的公司投入一定的股本,以使他们更关注股东利益。20世纪90年代末,有48%的大中型公司向董事赠送股票或提供股票期权。股票期权的广泛运用,极大地提高了股东价值在衡量管理绩效中的重要性。不仅限于美国,在英国和法国,股票期权和股票赠送也成了管理者收入的重要组成部分。由于对管理人才的竞争已全球化,股票期权的使用在开放经济国家和地区会越来越普遍。

第三,1982年以来,美国股市和欧洲股市情况良好,因此,家庭在股票上的投资比例有很大增加。20世纪80年代初以来,美国和欧洲股票市场表现非凡,不但促进了股票期权被广泛用作管理者报酬,而且增加了许多国家的家庭股票拥有量。事实表明,越来越多的人是通过共同基金和养老基金成为股东的。重要养老金机构的管理者是股东价值论的积极倡导者。欧洲许多国家也正在形成股东文化。最引人注目的是在德国开展的支持德国电信私有化的"德国:股票国家"运动。完成了私有化的公司的股票出现了强势,这就促进了这些国家股票投资的普及。在这种情况下,旧的劳资观念已经过时,股东也不再是其他什么人,而是我们自己。这样,引起股东价值与利益相关人价值之争的紧张心情也得以缓解。随着越来越多的人成为股东,支持将股东价值作为公司目标的呼声日益强劲。[①]

第四,人们日益认识到,许多社会保障制度正面临危机,欧洲大陆国家和日本的情况更是如此。为了应对这一危机,有一个解决方案:把积累的养老基金提高到相当的程度,使之能产生足够的剩余用于再投资,积累资金和投资收益结合起来,以应对未来的养老金

---

① 黎精明,兰飞,石友蓉. 财务战略管理[M]. 北京:经济管理出版社,2014.

短缺。要拆除养老金这颗定时炸弹，私有部门必须维持相当的水准，最为重要的是能产生较高的投资收益并创造可以增加收益投入的机会。如果要让这种积累养老金的计划行得通，避免人口代与代之间的竞争，那么，不管是哪一个国家，都必须向公司施加压力，使它们创造更多的股东价值。

以股东为核心的经济表现更佳。20世纪80年代中期以来，美国经济发展势头强劲。如果没有股东资本利益的约束，没有许多经济参与者对股东价值创造的日益重视，是否会出现这样的经济局面是值得怀疑的。这不是说股东价值体系就一定公平，比如重组所带来的失业会毁坏人们的生活。但同时也可以这样说，创造工作机会的经济能力是衡量公平与否的更好尺度。

二、企业财务管理的方法

（一）财务预测方法

财务预测是财务人员根据历史资料，依据现实条件，运用特定的方法对企业未来的财务活动和财务成果所做出的科学预计和测算。进行财务预测，是提高企业财务管理的预见性，避免盲目性，争取最优财务成果的重要措施。

财务预测的方法很多，在预测时应根据具体情况有选择地利用这些方法。企业财务管理中常用的方法有定性预测法和定量预测法。

1. 定性预测法

定性预测法又称经验判断法，是一种凭借预测者个人或集体的智慧和经验进行分析、预测的方法。这种方法一般是在企业缺乏完备、准确的资料的情况下采用的。其预测过程是：首先由熟悉企业财务情况的专家，根据过去所积累的经验，进行分析判断，提出预测的初步方案；然后，再通过召开座谈会等形式，对上述预测方案进行讨论和补充，最后得出预测结果。

2. 定量预测法

定量预测法是根据变量之间存在的数量关系，建立数学模型来进行预测的方法。定量预测法又可分为趋势预测法和因果预测法。

（1）趋势预测法。趋势预测法是按时间顺序排列历史资料，根据事物发展的连续性来进行预测的一种方法。因为是按时间顺序排列历史资料，所以又称时间序列预测法。这类方法又可细分为算术平均法、加权平均法、指数平滑法、直线回归分析法和曲线回归分析法。

（2）因果预测法。因果预测法是根据历史资料，并通过仔细分析，明确地找出要预测因素与其他因素之间的因果关系，建立数学模型来进行预测的一种方法。

（二）财务决策方法

财务决策是指在财务预测的前提下，在若干种经营和财务活动方案中，选择最优方案的资金决策和利润分配决策等。财务决策包括以下几个步骤：①确定决策目标；②提出备选方案；③选择最优方案。

财务决策的方法有很多，在企业财务管理中常见的有以下几种方法。

1. 优选对比法

优选对比法是把各种不同的方案排列在一起，按其经济效益的好坏进行优选对比，进而做出决策的方法。它是财务决策的基本方法。它可分为总量对比法、差量对比法和指标对比法。

（1）总量对比法。总量对比法是将不同方案的总收入、总成本或总利润进行对比，以确定最佳方案的一种方法。

（2）差量对比法。差量对比法是将不同方案的预期收入之间的差额进行比较，求出差量，进而做出决策的方法。

（3）指标对比法。它是把不同方案的经济效益指标进行对比，来确定最优方案的方法。例如，在进行长期投资决策时，可用不同投资方案的净现值、内含报酬率和现值指数等指标进行对比，从而选出最优方案。

2. 数学微分法

根据边际分析原理，运用数学微分方法，对具有曲线联系的极值问题进行求解，进而来确定最优方案的一种决策方法。

3. 线性规划法

根据运筹学原理，对具有线性联系的极值问题进行求解，从而确定最优方案的一种方法。

4. 概率决策法

这是一种风险决策的方法，由于企业对未来情况不十分明了，但各有关因素的未来状况及概率是可以预知的，因此，用概率统计的方法来计算各个方案的期望值和标准离差，从而做出决策。

（三）财务预算方法

财务预算是运用专业技术手段和数学方法，根据管理要求和企业实际，对未来财务活动所做出的科学安排。它是财务预测和财务决策所确定的经营目标的具体化，也是财务控制、分析的主要依据。

财务预算的方法有以下几种。

1. 固定预算法

固定预算法是按照计划期内固定单一的经济活动水平来编制预算的一种方法。这种方法的主要特点是预算编好后，在预算期内除特殊情况外，一般不做变动，具有相对固定性。固定财务预算由一些财务指标组成，确定指标的方法有平衡法、因素法、比例法和定额法等。

2. 弹性预算法

弹性预算法是指企业在不能准确预测业务量的情况下，根据资金、成本、利润与业务量之间有规律的联系，按照一系列不同的业务量来编制预算的一种方法。弹性预算法的编制程序一般为：

（1）选择和确定经济活动水平的计量单位（如产品产量、直接人工小时、销售量）。

（2）确定不同情况下经营活动水平的范围，通常以正常生产经营条件下业务量的70%～120%为宜，其中，弹性间隔以5%～10%为宜。

（3）确定资金、成本、利润同业务量水平下的预算指标。

（4）通过一定的表格进行汇总，编制出弹性预算。

弹性预算的主要优点是能够适应不同的实际经营水平的需要，其缺点是编制工作比较麻烦。

3. 滚动预算法

滚动预算法是指计划期随着时间的推移而自行延伸的一种编制预算的方法。在这种预算方法下，预算期始终保持在某一特定的期限（通常为一年）之间。这就是说，当年度预算中某一季度或月份计划执行完毕时，其相邻的下一季度或月份预算立即递补上去，以使年度预算一直含有4个季度预算或12个月份的预算。

滚动预算的优点是始终使预算的执行者既有近期目标，也有远期目标，能有效克服短期行为。但滚动预算的编制工作比较复杂，特别是那些时间比较长的滚动预算，工作量更大。

（四）财务控制方法

财务控制是利用有关信息和特定手段，对企业财务活动施加影响或调节，使之按设定的目标和轨迹运行的过程。实行财务控制是落实预算任务、保证预算实现的有效措施，是企业财务管理的关键。财务控制要经过以下几个步骤：①制定控制标准，分解落实责任；②实施追踪控制，及时调整误差；③分析执行情况，搞好考核奖惩。

财务控制方法有许多，现说明最常见的几种。

1. 防护性控制

防护性控制又称排除干扰控制，是指在财务活动产生前，就制定一系列制度和规定，把可能产生的差异予以排除的一种控制方法。例如，为了保证现金的安全和完整，就要规定现金的使用范围，制定好内部牵制制度；为了节约各种开支费用，则可事先规定开支标准等。

排除干扰是最彻底的控制方法，但排除干扰要求对被控制对象要有绝对的控制能力。在财务管理中，各种事先制定的标准、制度、规定都可以看作是排除干扰的方法。

2. 前馈性控制

前馈性控制又称补偿干扰控制，是指通过对实际财务系统运行的监视，运用科学预测可能出现的偏差，采取一定措施，使差异得以消除的一种控制方法。这种方法要求掌握大量信息，并进行准确预测。

3. 反馈性控制

反馈性控制又称平衡偏差控制，是在认真分析的基础上，发现实际与计划之间的差异，确定差异产生的原因，采取切实有效的措施，调整实际财务活动或调整财务计划，使差异得以消除或避免今后出现类似差异的一种控制方法。

（五）财务分析方法

财务分析是根据有关信息资料，运用特定方法，对企业财务活动过程及其结果进行分析和评价的一项工作。通过财务分析，可以掌握各项财务计划指标的完成情况，评价财务状况，研究和掌握企业财务活动的规律，改善财务预测、决策、计划和控制，提高企业经济效益，改善企业管理水平。财务分析包括以下几个步骤：①占有资料，掌握信息；②指标对比，揭露矛盾；③分析原因，明确责任；④提出措施，改进工作。

常见的财务分析方法有对比分析法、比率分析法、因素分析法和综合分析法四种。

1. 对比分析法

对比分析法又称比较分析法，是通过两个或两个以上相关指标进行对比确定数量差异，揭示企业财务状况和经营成果的一种分析方法。在实际工作中，对比分析法的形式主要有：实际指标与计划指标对比、同一指标纵向对比、同一指标横向对比三种形式。

2. 比率分析法

比率分析法是指利用财务报表中的相关数值的比率来揭示企业财务状况和经营成果的一种分析法。在企业财务分析中，比率分析法的应用比较广泛，因为只采用有关数值的绝对数对比不能深入揭示事物的内在矛盾，而比率分析法是从财务现象到本质的一种深化，它比比较分析法更具有科学性。

3. 因素分析法

因素分析法是在测定某项财务指标与所设定的比较指标出现差异时，针对所出现的差异进行各因素影响程度分析的方法。使用这种方法可以取得各项制约因素变动对综合指标影响程度的数据，有助于了解原因，分清责任，评价企业的经营工作；同时，也可以通过因素分析，抓住主要矛盾，有的放矢地解决问题。

4. 综合分析法

综合分析法是把有关财务指标和影响企业财务状况的各种因素都有序地排列在一起，综合地评价企业财务状况和经营成果的一种方法。对任何单一指标、单一因素进行分析，都不能全面评价企业的财务状况及发展变动趋势，必须进行综合分析，才能对企业财务状况做出全面、系统的评价。在进行综合分析时，可采用比率综合分析法、因素综合分析法和杜邦体系分析法等。

综合分析法是一种重要的分析方法，它对全面、系统、综合地分析企业财务状况具有十分重要的意义。但综合分析法一般都比较复杂，所需资料很多，工作量比较大。

第四节 现代企业财务风险的一般认识

一、财务风险的定义

财务风险是指企业在各种财务活动过程中，由于各种难以或无法预料、控制的因素作用，使得实际财务成果与预计财务成果相背离，因而有蒙受经济损失的机会或可能性。财务风险是未来财务收益不可能实现的概率，是财务活动和企业经营活动过程中各种不确定性的综合反映。

具体而言，财务风险有广义和狭义之分。狭义上的财务风险也称筹资风险或融资风险，即由于企业全部资本中债务资本比率的变化带来的风险，具体而言，财务风险和债务资本成正比，债务比率越高，说明债务成本越高，相应的财务风险也就越高；反之，财务风险也就越低。一般所讲的企业财务风险指广义上的财务风险，包括筹资风险、投资风险、收益分配风险等内容。其中，筹资风险是由于筹资过程和环境的复杂性以及筹资运用效果的不确定而产生的风险；投资风险是企业在投资过程中由于投资环境发生难以预料的变化，而使实际投资利润率小于预计投资利润率的风险。可以说，在企业的财务管理中，几乎一直伴随风险和不确定情况，离开了风险因素，也就无法正确评价企业的报酬高低，企业可以借鉴我国现行的财务评价指标体系，建立适合自身情况的财务风险评价指标体系。

二、影响财务风险的因素

（一）内部因素

影响财务风险的内部因素错综复杂，通过总结主要的财务风险因素，将其归纳为四大类，即债务因素、现金流因素、投资因素和盈利因素。

1. 债务因素

债务筹资是企业经营发展过程中的一项重要活动。债务风险就是企业在债务筹资过程中，由于对筹资条件考虑欠周全或其他相关因素发生变动而导致企业遭受损失的可能性。通俗地讲，就是到期不能偿还债务的风险。

2. 现金流因素

现金流是衡量企业运营能力的重要尺度之一，是一个企业的血脉。企业只有保持充足的现金流，畅通的筹资渠道，才能健康良性地发展；反之，则会陷入财务危机。现金流风险是指由于难以预料或控制因素的影响，导致出现资金利用效率不高、资金链断裂等现金流问题，从而给企业实现经营目标带来影响的可能性。

3. 投资因素

企业的经营、投资和筹资活动是三项基本管理活动，其中，筹资活动是经营和投资活动得以延续的手段。投资风险是指企业在投资活动中，因自身和环境条件的不确定性，而引起企业投资风险收益与非风险收益间发生偏离的可能性。

4. 盈利因素

企业利用各种经济资源赚取利润的能力叫作企业的盈利能力，它是企业营销能力、获取现金能力、降低成本能力及回避风险能力等的综合体现。因此，盈利风险是大多数企业管理者关注的关键风险，可以通过分析影响盈利风险的因素，寻找控制风险的管理方法和策略，来不断提升企业的盈利能力。

除此之外，影响企业财务风险的因素还有：企业财务管理人员对财务风险的认识不足，风险意识淡薄；信息不对称导致的财务决策缺乏科学性；企业内部在资金管理及使用、利益分配等方面存在的权责不明、管理不力、财务关系混乱、缺乏监督等。

（二）外部因素

企业财务管理宏观环境的复杂性是企业产生财务风险的外部原因，企业财务管理的宏观环境复杂多变，而企业管理系统不能适应复杂多变的宏观环境。财务管理的宏观环境包括经济环境、法律环境、市场环境、社会文化环境、资源环境等因素，这些因素存在于企业之外，但对企业财务管理产生重大的影响。

三、企业财务风险的分类

企业财务活动一般可分为筹资活动、投资活动、资金运营和收益分配四方面，相应地，财务风险就分为筹资风险、投资风险、资金运营风险和收益分配风险，其中，资金运营风险具体表现为流动性风险、税务风险和汇率风险。

（一）筹资风险

筹资风险是指企业在筹资活动中由于资金供需市场、宏观经济环境的变化或筹资来源结构、币种结构、期限结构等因素而给企业带来的预期结果与实际结果的差异。

企业筹集的全部资金按其来源可以分为自有资金（权益资金）和借入资金（债务资金），因此，企业的筹资风险可分为债务筹资风险和股权筹资风险，其中，筹资风险的关键因素是债务融资成本的固定性支出。

1. 债务筹资风险

债务筹资风险是指到期不能偿还债务的风险[①]。影响企业债务筹资风险的因素有负债规模、利率、期限结构、债务结构、币种结构、企业的投资决策以及企业所处的外部环境的变化因素等。

2. 股权筹资风险

股权筹资风险是指发行股票筹资时，由于发行数量、发行时机、筹资成本等给企业造成的损失的风险。投资者把资金投向企业，总是希望能得到较高的投资回报。当投资者投入的资金不能产生足够的效益以达到其期望的投资收益率时，投资者就会抛售股票，引起股票价格下跌，使企业再筹资的难度加大，筹资成本也会上升。影响企业股权筹资风险的因素有股权筹资的规模、企业的资本结构、企业的经营状况、资本市场环境等。此外，企

---

① 秦荣生，张庆龙. 企业内部控制与风险管理[M]. 北京：经济科学出版社，2012：196.

业筹集的自有资金和借入资金的结构不合理,也会影响到企业的资金成本和资金使用效益,进而影响借入资金的偿还和自有资金期望收益率的实现。

(二)投资风险

投资风险是指企业在投资活动中,由于不确定因素的影响使企业的预期财务成果与实际财务成果产生的差异。由于企业的投资活动分为对内投资活动和对外投资活动,因此,投资风险也就分为对内投资风险和对外投资风险。

1. 对内投资风险

企业对内投资具体是指企业对自身的固定资产、流动资产、无形资产等的投资。其中,在投资过程中,投资决策不科学往往会导致所形成的资产结构不合理,结果会出现投资项目不能达到预期收益而产生财务风险。

2. 对外投资风险

企业的对外投资具体是指企业对自身以外的投资,也就是说企业将资金或实物投资于其他经济组织,或者购买有价证券等金融资产。市场环境不是一成不变的,市场环境的变化以及被投资方生产经营过程中一系列不确定因素的影响,导致企业对外投资的实际收益与预期收益的差异,从而产生投资风险。其中,有价证券投资风险又可以分为系统风险和非系统风险两大类。

(1) 系统风险

系统风险又称市场风险或不可分散风险,它是由公司外部一系列不确定因素引起的,这些外部因素包括政治、经济及社会环境等。具体而言,通货膨胀、利率和汇率的波动、国家宏观经济政策变化、战争冲突、政权及政策的变化都可能导致系统风险。系统风险不是靠单个风险就能引起,而是由许多因素综合导致的,这些因素是个别公司或投资者无法通过多样化投资予以分散的。

(2) 非系统风险

非系统风险是相对系统风险而言的,又称公司特有风险、可分散风险,是指某些因素给个别证券带来经济损失的可能性,这些因素有经营失误、新产品试制失败、劳资纠纷等。与系统风险不同的是,非系统风险只发生在个别公司中,是由单个的特殊因素所引起的,因此,可以通过多样化投资来分散风险。

(三)流动性风险

流动性风险是指公司与资金流动性相关的存货风险、销售结算与应收账款风险、现金流风险。

（四）税务风险

税务风险是指公司因违反纳税程序，或是未能准确、及时进行纳税申报，被税务机关检查所承担的税务责任；或是引发补税、交滞纳金和罚款的税务责任，甚至被追究刑事责任的风险。

（五）汇率风险

汇率风险是指在一定期间内由于汇率变动及波动，引起公司外汇业务成果的不确定性的风险，又称外币风险，以外币计价的资产、负债、收入减少，从而产生损失的可能性[①]。它是指外币汇率变化，使企业、费用和现金流量等的增加或减少，从而产生损失的可能性。

（六）财务人力资源风险

财务人力资源风险是指公司财务人员履行职责受限制、不履行职责或不配合公司业务开展，逆向选择与串谋及财务人员流失等的风险。

（七）信息不对称风险

财务信息导致决策失误的风险是指因财务人员及财务会计信息系统的，导致母公司获取子公司不具可靠性与相关性、失真的信息，导致母公司对子公司财务管理、风险控制等的财务决策失误的风险。

四、财务风险的特征

（一）客观性

企业财务风险是一种客观存在，企业财务管理的结果存在着非此即彼的两种可能，一种是按照预期规定实现了预期目标，另一种是未实现预期目标。根据财务风险的客观性特征，人们可以主动去揭示引起财务风险产生的客观原因，从而对财务风险进行识别，进而进行防范和应对。

[①] 朱荣. 企业财务风险评价与控制研究 [M]. 大连：东北财经大学出版社，2011：60.

（二）不确定性

影响财务活动结果的因素比较多，而且是不断变化发展的，这些都决定了财务风险具有不确定性，不确定性是企业财务风险产生的必要条件，没有不确定性，也就没有风险。财务风险的不确定性使企业的财务活动变得异常困难，所以，掌握和控制不确定性有助于控制和降低财务风险。

（三）可衡量性

企业财务风险是一种客观存在，一般会用一些数据表示风险的大小和强弱，因而可以用数学尤其是概率统计等科学方法来衡量财务风险。如果企业财务风险不能够衡量，对财务风险的控制也就无从谈起。

（四）双重性

企业财务风险的双重性是指财务风险既有损失的一面，又有收益的一面，同时，这是财务风险和财务危机最大的不同之处。财务风险的这一特性有助于我们全面把握财务风险，在看到和把握财务风险的危害性的同时，要做到提高风险的控制能力，避免风险损失；加强对财务风险规律的探索和研究，准确把握时机，进行科学决策，从而在风险中谋取报酬。

（五）灾难性

财务管理的失败或重大投资项目的决策失误都将直接或间接导致企业资金链断裂，从而给企业带来灾难性的损失。

（六）全面性

企业财务风险贯穿于企业财务活动的全过程，在企业财务活动的多种财务关系上都有所体现。对于一个企业经济人员而言，认识到企业财务风险的全面性，对于我们从全局出发，探寻各种财务活动中企业财务风险形成的原因、表征及衡量和控制方法有很大的帮助，同时有助于我们对企业财务风险整体进行全面管理，正确地权衡企业的各种财务关系。

五、财务风险的表现形式

财务风险的主要表现形式有用于测定股东收益可变性的财务杠杆和用于测定偿债能力不确定性的财务比率两大类指标[①]。在这里，仅对测定股东收益可变性的财务杠杆类指

---

① 杨华. 企业财务危机预警[M]. 济南：山东人民出版社，2013：156.

标进行讨论。测定股东收益可变性的指标主要有财务杠杆和财务杠杆收益率两大类指标,下面分别加以讨论。

(一) 财务杠杆

由企业负债筹资引起的固定利息支出,必然使企业的股东收益具有可变性,且它的变化幅度会大于息税前收益变化的幅度。企业的负债规模和利息水平一旦确定,与负债相关的支出也就相对固定不变,如果企业盈利水平提高,则每股收益就会增加;反之,如果企业盈利水平下降,而债权人收益不变,则每股收益就会减少。因此,财务杠杆是一把"双刃剑"。多举债既可能使企业股东获得更高的每股收益,但由于投资风险的存在和企业破产的威胁,多举债也可能使企业股东权益减少,甚至会引起企业破产。财务风险的计量公式如下:

$$财务风险 = \frac{销售量 \times (销售单价 - 单价变动成本) - 经营性固定成本}{销售额 \times (销售单价 - 单位变动成本) - 经营性固定成本 - 利息} + \frac{负债平均余额}{净资产平均余额} = \frac{息税前收益}{息税前收益 - 利息} = \frac{息税前收益}{税前收益}$$

(二) 财务杠杆收益率

上述讨论的财务杠杆率揭示的是息税前收益与税前收益,进而揭示税后收益和股东权益收益之间的关系,并说明了当息税前收益发生变化时,股东权益收益发生加速变化的状况,但财务杠杆率还不能直接与企业的资金结构结合起来,揭示财务杠杆对股权资金收益率的贡献。因此,有必要对财务杠杆收益率的问题进行探讨。

第二章　现代企业筹资管理与风险防范控制

第一节　现代企业筹资管理概述

一、企业筹资的概念和目的

（一）企业筹资的概念

筹资是每个企业必然会遇到的财务问题，从概念上说企业筹资是指企业作为筹资主体根据其生产状况、经营状况、投资状况和调整资本结构状况的需要，通过一定的筹资渠道和金融市场，科学合理地运用筹资方式，高效地筹措和集中资本的活动。企业筹资活动是其开展各种生产经营活动的基础，企业筹资管理也是企业财务管理的一项主要内容，能否及时有效地筹集资金关系到企业是否能够获得健康良好的发展。

筹资对企业的影响是广泛而深刻的，它贯穿于企业创建和发展的整个过程。在企业创建时，如果达不到法定的资本规模，那么会计师事务所是无法出具企业验资证明的，同时，工商管理部门也不会为其办理注册登记手续发放营业执照，这种情况下企业是不能进行生产经营活动的。

在企业生产经营过程中，资金更是企业发展必不可少的要素。企业生产经营规模的扩大、生产结构的调整、新产品的研制开发、公益活动的开展都离不开资金的支持。企业为了提高自己的额外收益、稳定供求关系会进行一系列的投资行为，在这个过程中，企业也必须进行资本的筹集。负债是企业发展过程中的不稳因素，企业为了保证健康的发展必须降低负债比率，减轻偿债压力，这也需要及时筹集资本，调整资本结构。

（二）企业筹资的目的

随着企业规模的不断扩大，其需要的资金量不断增多，商品生产者只使用自己的本金，很难满足企业的发展需要。企业扩大再生产需要的资金投入，通常情况下会远远超过企业的利润，这时企业可以一部分资金为基础，借入别人闲置的资金，并让对方取得资金收益，这样就是企业的筹资行为。筹资的目的主要有三大类。

1. 满足生产经营的需要

企业的生产经营活动可分为两种类型，即日常生产和扩大再生产。由于投资活动与企业的生产状况密切相关，相应的筹资活动也可分为两大类型，即满足日常正常生产经营需要和满足企业发展扩张需要的筹资。企业日常生产活动具有稳定性，这是保证企业稳定发展的基础，因此，企业日常生产经营筹资无论是期限还是金额都具有稳定的特点。相对的，企业的扩大再生产是根据企业的发展状况而定的，为其服务的扩张型的筹资活动，其筹资时间的安排，筹资数量的多少都有不确定性，其目的都从属于特定的投资决策和投资安排。无论是日常生产筹资还是扩大再生产投资都属于生产经营筹资，其直接结果是增加企业资产总额和筹资总额。

2. 满足对外投资的需要

企业对投资的根本目的是获取额外的收益，针对不同的实际情况企业对外投资一般出于三方面的考虑：

（1）充分利用闲置资金。这种考虑充分提高了企业资金的利用率，保证了企业资金的高效运作。

（2）获取利润。这种考虑通常是因为企业对外投资有高于企业对内投资的获利机会。

（3）服务生产。这种对外投资是指企业控制被投资企业的业务，其目的是使其配合本企业的生产经营活动。

3. 满足资金结构调整的需要

资金结构调整是每个企业都会遇到的财务问题，进行资金结构调整的目的是减少资金成本，降低筹资风险，调整所有者权益与负债之间的比例关系。对每一个企业而言，资金结构调整都是事关企业资金运作稳定的重大财务决策事项，同时也是企业筹资管理的重要内容。企业应根据实际状况进行适当的资金结构调整，当负债率上升或经营前景不佳时，企业可减少负债筹资比例，增加所有者权益的筹资比例；当负债率下降时，企业则可采取相反的措施。

二、企业筹资分类

筹资管理是企业财务管理的一项基本内容，可以按多种标准进行不同的分类，现介绍最常见的两种分类。

（一）按资金使用期限的长短分类

企业对资金的使用是有时间限制的，在筹资过程中企业必须按照规定的期限归还投资者本金并支付其额外收益。我们按照企业筹集资金所使用期限的长短，可把企业筹集的资金分为短期资金与长期资金两种。

短期资金是指企业使用时间较短的资金，这个期限一般在一年以内。企业筹集短期资金一般不用于生产活动，而是主要用于短期现金支付、账款、存货等可短期收回的项目。短期资金经常采用的筹资形式有商业信用、银行流动资金借款等。

长期资金是指企业使用时间较长的资金，一般情况下企业可使用筹集资金一年以上。长期资金主要用于企业的生产领域，包括新产品的开发和推广、生产规模的扩大、厂房和设备的更新，长期资金的回收期限也比较长，一般需几年甚至十几年。长期资金常采用的筹资形式有吸收投资、发行股票、发行债券、长期借款、融资租赁、留存收益等。

（二）按资金的来源渠道分类

企业的资金来源有多种渠道，不同的筹资渠道对企业的财务关系有不同的影响，我们按照筹资者筹集资金渠道的不同，把企业资金分为所有者权益和负债两大类。

所有者权益是指投资人通过投资获得的对企业净资产的所有权，主要包括投资者投入企业的资本及持续经营中形成的经营积累（资本公积金、盈余公积金、未分配利润）两方面。资本是一种有特殊属性的资金，它是企业在工商行政管理部门登记的注册资金，也是投资者以实现盈利和社会效益为目的，用以进行生产经营、承担民事责任而投入的资金。负债则有所不同，它是企业所承担的能以货币计量、须以资产或劳务偿付的债务，属于企业负资产的一部分。

企业的所有者权益资金的筹集方式主要包括发行股票、吸收直接投资、内部积累等。所有者权益资金具有特殊性，企业一般情况下是不用归还的，因此，我们又称所有者权益资金为企业的自有资金或主权资金。

企业负债资金主要包括发行债券、银行借款、融资租赁等方式，这些资金在性质上属于企业的负债。企业负债资金到期要归还投资者本金和利息，因而我们又可以称之为企业的借入资金或负债资金。企业采用借入资金的方式筹集资金，其缺点是资金筹集需要承担较大风险，优点是付出的资金成本较低。企业采用自有资金的方式筹集资金，财务风险小，但付出的资金成本相对较高。

三、企业筹资的原则

企业的财务活动是一个完整的资金运作系统，而筹集资金恰恰是企业财务活动的起点，为了更好地实现企业财务目标，经济有效地筹集资金，企业筹资时应遵循以下基本原

则：（一）规模适当原则

企业的筹资规模并不是越大越好，它受到企业的资金需求量和国家法律、法规及合同等因素的制约。企业在投资决策时要明确企业资金的需求量，无论通过什么渠道，采取什么方式筹集资金，都必须与企业自身需求相适应。科学地看，企业筹集资金不足会影响企业生产经营发展，制约企业规模的扩大；企业筹集资金过多会影响资金的使用效果，增加企业的负担和经营风险。所以，这就要求企业财务人员要认真分析企业的生产经营状况，务必采用科学的预测方法，准确预测企业资金的需要量，确定科学合理的筹资规模。

（二）筹措及时原则

企业筹集的资金必须及时得到利用才能发挥其应有的作用，企业资金的筹集与投放在时间上具有一致性。筹措及时就是指企业筹集资金应根据资金的投放使用时间来合理安排，使筹资和用资在时间上能够合理有效地衔接。企业资金具有宝贵的时间价值，企业财务人员应该清楚地认识到这一点，并根据资金需求的具体情况，合理安排资金的筹集时间，适时获取所需资金。如果出现筹资过早的状况，资金就会因为得不到及时的利用而造成投资前的资本闲置；相应地，如果出现筹资滞后的状况，那么可能会贻误投资的最佳时机，导致投资失败。

（三）来源合理原则

资金的来源渠道和资金市场为企业提供了资金的源泉和筹资场所，它反映资金的分布状况和供求关系，决定着筹资的难易程度。不同来源的资金，在取得资金的条件、难易程度上都有所不同，这些因素可以对企业的收益和成本形成直接的影响，因此，企业在进行筹集资金决策时应认真研究资金来源渠道和资金市场，合理选择资金来源。

（四）方式经济原则

企业不论以何种方式筹集资金都需要付出必要的代价，它不仅是企业资金成本，更是企业经营总成本的重要部分。我们知道以不同方式取得的资金，其资金成本和筹资的风险都是不同的，为此，我们必须对各种筹资方式进行分析、对比，综合考察各种筹资方式的资金成本和筹资风险等因素，充分尊重筹资的经济性，尽可能地降低资金成本，为提高企业利润打下良好的基础。

第二节　现代企业筹资渠道及方式的选择

一、企业筹资的渠道

企业在做出筹集资金决策后，直接面临的是"筹集谁的资金"和"如何筹集资金"这两个问题，也就是说企业要对筹资渠道和筹资方式进行评估选择，以保证筹资的科学性和高效性。"筹集谁的资金"决定企业将与哪些主体形成资金投放关系，"如何"则决定了筹集的资金在企业中的属性。不同的筹资渠道和筹资方式有不同的特点，我们应该根据企业的内外环境和经营管理状况对不同的筹资方式加以区别，科学选择。

企业的筹资渠道是指企业筹集资本来源的方向与通道，体现着资本的源泉和流量。筹资渠道受到多种要素的影响，其中，社会资本的提供者及其数量的分布对筹资渠道起决定性作用。如果社会资本的提供者较多，并且数量分布也比较广泛，那么企业对筹资渠道的选择将会变得广泛而灵活。合理的筹资渠道选择对企业至关重要，我们有必要充分认识企业筹资渠道的种类及其特点和适用性，这有利于加强企业对筹资渠道的充拓和利用，有利于企业合理组合各种筹资渠道，从而有效地筹集资本。

现在企业常用的筹资渠道可以归纳为如下六种。

（一）政府财政资本

政府财政资本具有很强的局限性和政策性，通常只有国有企业才能够利用，在我国，政府财政资本历来是国有企业筹资的主要来源。虽然我国实行市场经济政策，但国有企业包括国有独资公司大多处于事关国家经济命脉的行业和领域，其资金安全问题关系到国家经济的兴衰，因此，政府必须通过财政的力量来维护国有企业资金的稳定和安全。

目前，我国国有企业长期资本的大部分是在过去由政府通过中央和地方财政部门以拨款方式投资而形成的，今后仍然是国有企业权益资本筹资的重要渠道。政府财政资本具有广阔的源泉和稳固的基础，并在国有企业资本金预算中安排，这对保证国有企业的资金安全和国家经济形势的稳定具有重要的作用。

（二）银行信贷资本

相对于政府财政资本的局限性，银行信贷资本则具有广泛性和开放性。目前，银行信贷资本是我国各类企业等资的主要来源。在我国，银行分为商业性银行和政策性银行两大类。

商业性银行的主要经营内容是为企业提供各种商业贷款，并以营利为目的，其本质是从事信贷资金投放的特殊金融机构。我国已经完成对中国工商银行、中国建设银行、中国农业银行等银行的商业改造，为广大企业的资金筹集提供了坚实的保障。

政策性银行是国家为了支持特定的领域和行业设置的提供政策性贷款的银行，目前，我国的政策性银行有国家开发银行、农业发展银行和中国进出口银行三家。

银行可以广泛地吸收居民储蓄、单位存款等资本来源，并且拥有灵活多样的贷款方式，可以适应各类企业债权资本筹集的需要。

（三）非银行金融机构资本

非银行金融机构作为资本市场的一部分，也可以作为一些企业的筹资来源。非银行金融机构就是指不包含银行在内的各种金融机构以及金融中介机构和金融服务机构。在我国，非银行金融机构主要包括租赁公司、保险公司、企业集团的财务公司以及信托投资公司、证券公司等，这些非银行金融机构可以集聚社会资本，融资融物；承销证券，提供信托服务。非银行金融机构可以为一些企业直接筹集资本或为一些公司发行证券筹资提供承销信托服务，虽然非银行金融机构筹资渠道的财力比银行小，但具灵活性使其有广阔的发展前景。

（四）其他法人资本

根据我国相关法律的规定，法人可分为企业法人、事业法人和团体法人等。法人在日常的资本运营周转中有时会形成部分暂时闲置的资本，为了充分利用闲置资本，发挥其经济效益，企业法人之间会相互融通，这就为企业提供了一定的筹资来源，形成了一种新的筹资渠道。

（五）民间资本

由于经济的发展和生活水平的提高，我国企事业单位的职工和广大城乡居民持有大笔的闲置货币资本，他们可以也愿意对一些企业直接进行投资，为企业筹资提供资本来源。随着经济的发展和人们可支配收入的增多，民间资本会出现逐渐上涨的趋势，企业可以加大对民间资本的挖掘力度，充分地利用各种民间资本。

（六）企业内部资本

企业内部资本主要是指企业通过提留盈余公积和保留未分配利润而形成的资本，它具有不稳定性，会随着市场和经营状况的变化出现波动。企业内部资本不需要通过特定的方式筹集，而是直接在企业内自动生成或转移，企业内部资本是企业风险熬的一种筹资渠道，并且有盈利的企业都可以根据企业的盈利状况加以利用。

从上面的描述中我们可以看出，不同渠道的资金筹集方式其货币供应量方面存在较大差异，企业在进行筹资决策时应对这些筹资渠道进行分析，充分了解各种筹资渠道资本的存量与流量大小，并结合企业实际状况促使企业正确、合理地利用筹资渠道。

二、企业筹资方式的选择

筹资方式是指企业筹集资金所采取的具体形式，体现着不同的经济关系（所有权关系或债权关系）。了解筹资方式的种类及每种筹资方式的特点有利于企业选择适宜的筹资方式，有效地进行筹资组合。

企业常用的筹资方式有：吸收直接投资、发行股票、企业内部积累、银行借贷、发行债券、租赁、商业信用。其中，前三种筹资方式属于权益资金筹集，后四种属于负债资金筹集。

（一）权益资金筹集

权益性资金是企业所有者投入企业的资金及经营中所形成的积累，它反映企业所有者的权益。其出资人是企业的所有者，拥有对企业的所有权，企业则可以独立支配其所占有的财产，拥有出资者投资形成的全部法人资产权。[①]

权益资金的筹资方式主要有以下几种：吸收直接投资、发行普通股票、发行优先股票、利用企业内部积累。

1. 吸收直接投资

根据投资者与筹资者的关系不同，筹资者的筹资方式可以分为直接筹资和间接筹资。直接筹资即筹资者不经过任何其他渠道直接从最终投资者获得资金，筹资者与投资者形成一种直接的借贷关系或者是投资资本关系。直接筹资的资金来源主要有国家资金、法人资金、个人资金、国外资金。

吸收直接投资可采取以下方式：

（1）现金投资。投资各方以现金向企业投资是最常见的一种出资方式，有了现金便可获得其他物质资源。企业在筹建时，必须吸收一定量的现金。

（2）实物投资。以企业所需的厂房、建筑物、设备等固定资产和原材料、燃料等流

[①] 刘娥平. 企业财务管理 [M]. 北京：科学出版社，2013：43.

动资产所进行的投资。以实物投资必须进行评估作价，核实资产。投资实物的具体作价可由双方按公平的原则协商确定，也可以聘请各方认可的专业资产评估机构评定。实物出资一般要符合下列要求：为企业生产经营、科研开发等所需要；技术性能良好；作价公平。

（3）无形资产投资。以专有技术、商标权、专利权、土地使用权等来进行投资。应注意无形资产投资数额不得超过规定的无形资产限额，如按规定，我国有限责任公司其无形资产出资额不得超过注册资本的20%，高新技术成果有特别规定的除外。

2. 发行普通股

普通股是股份有限公司发行的无特别权利的股份，也是最基本、最标准的股份。一般情况下，股份有限公司只发行普通股。

（1）按投资主体的不同可分为国家股、法人股、个人股等。个人股是社会个人或公司内部职工以个人合法财产投入公司而形成的股份。法人股是企业法人依法以其可支配的财产向公司投资而形成的股份，或具有法人资格的事业单位和社会团体以国家允许用于经营的资产向公司投资而形成的股份。国家股是有权代表国家投资的部门或机构以国有资产向公司投资而形成的股份。

（2）按股票有无记名可以分为记名股和不记名股。不记名股是在票面上不记载股东姓名或名称的股票。这类股票的持有人即股份的所有人，具有股东资格。股票的转让也比较自由、方便，不需要办理过户手续。记名股是在股票票面上记载股东姓名或名称的股票。这种股票除了股票上所记载的股东外，其他人不得行使其权利，股份的转让需要经过严格的法律程序与手续办理过户。我国《公司法》规定向发起人、国家授权投资机构、法人发行的股票，应当为记名股。[①]

（3）按发行对象和上市地区的不同可分为A股、B股、H股、N股等。A股是提供我国大陆地区个人或法人买卖的，以人民币表明票面金额并以人民币认购和交易的股票。B股、H股、N股是以人民币标明票面金额但以外币认购和交易的股票，专供外国和我国港澳台地区投资者买卖，但以外币认购和交易的股票（注：2001年2月19日起，B股开始对境外居民开放）。其中，B股指在上海、深圳上市的股票；H股指在香港上市的股票；N股指在纽约上市的股票。

3. 发行优先股票

（1）优先股具有一定的优先权。这种优先权是相对于普通股而言的。优先股是具有双重性质的证券，它既属于权益资金，又具有一定的债权性质。企业对优先股有还本义务，属于企业的权益资金，但其股利固定，类似债权利息。优先股的优先权表现在两方面：一

---

① 郑明望，阳祖友，董文秀.财务管理[M].长沙：湖南大学出版社，2005：51.

是优先取得股息。当公司分配利润时,首先分给优先股股东,有剩余时,才分给普通股股东。二是优先分配剩余财产。当公司因经营不善解散或破产清算时,出售资产获得的收入,优先股位于普通股之前优先分配,因此,优先股的风险比普通股小。

(2)优先股的股息率预先确定,股息从税后利润中支付。优先股的股息率在发行时就预先规定,所以它的股利是固定的,一般按面值的一定比例来计算,受公司盈利状况影响较小。优先股股东每年应得的股息额等于股票的面值乘以股息率,但其金额仅限于优先股的票面价值,加上累积未支付的股利。优先股股息从税后利润中支付,这一点类似普通股。

(3)优先股没有规定到期日。这一特征与普通股相同,但在优先股回收上,可以有两种特殊的处理方法:一是公司可在优先股的发行条款中规定回收的条件,以后按回收条件收回优先股,但一般的优先股发行公司并无回收的责任;二是公司可在优先股发行条款中规定优先股转换为普通股的条件,这种优先股在达到条件后可转换为普通股,这种转换过程实质上是优先股的回收过程。

(4)优先股没有参与权。优先股股东的管理权限是有严格限制的。优先股股东不能参加股东大会,没有选举和被选举董事的权利,也不能对公司重大经营决策进行表决,只有当公司研究与优先股有关的问题时,才有权参加表决。

4.利用企业内部积累

企业内部积累是指企业的盈余公积、未分配利润等,是公司权益资金的一种,它来源于企业的生产经营活动所实现的净利润,包括企业的盈余公积和未分配利润两个部分。企业的税后利润并不全部分配给投资者,而应按规定的比例提取法定公积金。而且,向投资者分配利润后,还有一部分未分配利润。盈余公积是有特定用途的累积盈余,未分配利润是没有指定用途的累积盈余。这种筹资方式取决于企业盈利的多少及企业的分配政策。

内部权益资本的来源主要有两方面:一是企业内部盈余积累;二是企业计提的固定资产折旧。

(1)企业内部盈余积累。企业内部盈余积累是指企业税后利润进行分配后所形成的盈余公积和未分配利润。内部盈余积累可以说是企业权益资金的重要组成部分,这也是企业权益资本筹集的重要方式。

(2)提取固定资产折旧。企业提取的固定资产折旧是一种内部资金来源,它是从销售收入转化来的新增货币资金。尽管计提折旧并不增加企业权益资本总量,但却能增加企业可以周转使用的现金,因而也可视为企业从内部筹集长期资金的一种方式。

（二）负债资金筹集

负债资金的筹集包括短期负债和长期负债两种。短期负债资金的筹集包括短期借款和利用商业信用。长期负债资金的筹集包括长期借款、发行公司债券和融资租赁。

1. 短期借款

短期借款是指企业向银行和其他非银行金融机构借入的偿还期在一年之内的各种款项，主要有生产周转借款、临时借款、结算借款等。

企业举借短期借款，一般先提出申请，经审查同意后借贷双方要签订相关借款合同，载明借款金额、期限、利率与违约责任等；企业须根据借款合同办理借款手续；借款手续履行完毕后，企业才可取得借款。

2. 长期借款

长期借款指企业向银行或其他非银行金融机构借入的使用期超过一年的借款，主要用于购建固定资产和满足长期流动资金占用的需要。

我国目前各金融机构的长期借款主要有：

（1）按有无担保来划分，主要包括信用贷款和抵押贷款。信用贷款指不需要企业提供抵押品，仅凭其信用或担保人信誉而发放的贷款。抵押贷款指要求企业以抵押品作为担保的贷款。

（2）按用途划分，主要包括固定资产投资借款、更新改造借款、科技开发和新产品试制借款等。

（3）按提供贷款的机构划分，主要包括政策性银行贷款、商业银行贷款等。

我国金融部门对企业发放贷款的原则是：按计划发放、择优扶植、有物资保证、按期归还。

3. 商业信用

商业信用是企业间在商品交易过程中由于延期付款或预收货款而形成的借贷关系，是企业间直接的短期信用行为。具体形式主要包括应付账款、应付票据和预收账款等。

（1）应付账款

应付账款是企业购买货物暂未付款而欠对方的账项，是一种卖方信用。销售方通过赊销可以吸引客户，增加销售收入，减少库存积压。赊购方则可以通过延期付款获得相当于货款金额的短期资金。如果赊购业务能保持一定的规模，则企业可以获得一定数量的、比较稳定的资金来源。

（2）应付票据

应付票据是企业进行延期付款商品交易时开具的反映债权债务关系的票据。和应付账款一样，也是一种卖方信贷。应付票据最长支付期不超过 6 个月，可以带息，也可以不带息。企业通过无息票据获得的信用是免费信用，通过带息票据获得的信用是有代价信用，带息票据的利率一般比银行借款低，且不用保持相应的补偿余额和支付协议费。但到期必须归还，否则便要交付罚金，因而风险较大。

（3）预收账款

预收账款是企业在进行商品销售时通过预收部分或全部货款的方式取得的信用形式。和应付账款不同，它是一种买方信用。预收账款相当于向买方借用资金后用物资抵偿。一般用于生产周期长、资金需要量大的货物销售。如果以预收账款方式销售的商品价格低于正常销售商品的价格，则这种信用是有代价信用，信用成本即商品价格的差额；如果以预收账款方式销售的商品价格和正常销售的商品价格相同，则这种信用为免费信用。

此外，还存在一些在非商品交易中产生，但亦为自发性融资的应付费用，如应付工资、应交税金、其他应付款等。应付费用使企业收益在前、费用支付在后，相当于享用了收款方的借款，一定程度上缓解了企业的资金需要。

4.融资租赁

租赁是指出租人以收取一定的报酬为条件，在合同规定的期限内，将资产租借给承租人使用的一种契约性行为。租赁已成为企业筹资的一种方式。租赁按性质可分为经营租赁和融资租赁。经营租赁又称营运租赁，是一种出租人向承租企业提供租赁设备、人员培训等服务性业务的租赁形式，经营租赁一般为短期租赁。融资租赁是指由租赁公司按承租人的要求出资购买资产，并在合同规定的较长时期内提供给承租人使用的信用业务，它是现代租赁的主要类型。

第三节 资本成本与资产结构优化

一、资本成本

（一）资本成本的内涵

1.资本成本的概念

随着市场竞争越来越激烈，企业为了能够维持正常的运营，通常会筹集一些资金，而所筹集到的资金并不是无偿使用的，需要付出一定的费用，我们把这些支付的费用统称为资本成本。一般来说，资本成本主要包括用资费用和筹资费用。

资本成本可以用绝对数表示，也可以用相对数表示，但在财务管理中一般用相对数表示，即表示为用资费用与有效筹资额（筹资数额扣除筹资费用后的差额）的比率。其通用公式为：

$$K = D/(P-F) = D/P(1-f)$$

式中：K 为资本成本，以百分比表示；

D 为资本用资费用；

P 为筹资额；

F 为筹资费用；

f 为筹资费率，即筹资费用与筹资数额的比率。

2. 资本成本的属性

资本成本是企业的一种支出，具有一般产品成本的基本属性，但又具有不同于一般产品成本的某些特性。产品成本是在劳动者、劳动对象、劳动资料等生产要素上的耗费，它的补偿是对一种实际已经发生的耗费的补偿；而资本成本是在资金这个生产要素上的耗费，它的补偿是属于收益的分配过程，根据资金的性质不同，其分配的先后顺序也不同。对于负债资金，由于使用这部分资金所付出的代价即利息是必须支付的，具有刚性的特点，因而可以进入财务费用而在所得税之前得到补偿；对于使用权益资金所付出的代价，则要通过企业税后利润来加以补偿，具有弹性的特点。因而资本成本对于负债资金是确定的，对于权益资金只是一个预测值。

（二）个别资本成本

个别资本成本是指各种筹资方式的成本。其中包括长期借款成本、债券成本、优先股成本、普通股成本和留存收益成本，前两者可统称为债务成本，后三者称为权益成本。

1. 长期借款成本

长期借款成本主要是银行利息，该利息可以做企业财务费用，具有抵减所得税的作用。因此，企业实际负担的借款利息为：

银行借款年利息 × （1 - 所得税税率）

企业长期借款的成本可按下列公式计算：

$$K_t = \frac{I_t(1-T)}{L(1-F_t)} = \frac{R_t(1-T)}{1-F_t}$$

式中：K_t 表示长期借款成本；

I_t 表示长期借款年利息；

T 表示企业所得税税率；

L 表示长期借款筹资额，即借款本金；

F 表示长期借款筹资费用率；

R_l 表示长期借款年利率。

2. 债券成本

债券成本与长期借款成本的主要区别在于：一是债券筹资费用较高，不能忽略不计；二是债券的发行价格与债券面值可能不一致。

债券成本的计算公式为：

$$K_t = \frac{I_t(1-T)}{B(1-F_b)}$$

式中：K_t 表示债券成本；

I_t 表示债券年利息；

T 表示企业所得税税率；

B 表示债券筹资额，按发行价格确定；

F_b 表示债券筹资费用率。

与借款相比，由于债券利息率一般高于借款利息率，债券发行成本也高于借款筹资费用，因此债券成本率相对要比借款成本率高。

3. 优先股成本

企业发行优先股，既要支付筹资费用，又要定期支付股利。它与债券不同的是股利在税后支付，且没有固定到期日。优先股成本率的计算公式为：

$$K_P = \frac{D_P}{P_P(1-F_P)}$$

式中：K_P 表示优先股成本；

D_P 表示优先股年股利；

P_P 表示优先股筹资额；

F_P 表示优先股筹资费用率。

企业破产时，优先股股东的求偿权位于债权人之后，优先股股东的风险大于债权人的风险，因此，优先股的股利率一般要大于负债的利息率。另外，优先股股息的支付不能抵扣企业所得税，因而与税后的负债成本相比，优先股的成本通常略高些。

4. 普通股成本

普通股成本的确定方法与优先股成本基本相同。但是，普通股的股利一般不是固定的，是逐年增长的。如果每年以固定比率G增长，第一年股利为D_c，则第二年为$D_c(1+G)$，第三年为$D_c(1+G)^2$，……第n年为$D_c(1+G)^{n-1}$。因此，普通股成本的计算公式经推导可简化如下：

$$K_c = \frac{D_c}{P_c(1-F_c)} + G$$

式中：K_c 表示普通股成本；

D_c 表示普通股年股利；

P_c 表示普通股筹资额；

F_c 表示普通股筹资费用率；

G 表示普通股股利年增长率。

5. 留存收益成本

留存收益是股东大会同意不作为股利分配，留存在企业使用的那部分税后利润。留存收益是企业资本的一种重要来源，从表面上看，企业留用利润并不花费资本成本，但股东愿意将股利留存企业，是股东对企业的追加投资，意味着以期将来获得更多的股利。

如果每年预期的股利固定不变，留存收益资本成本的计算公式为：

$$K_e = D / P_o$$

如果普通股股利是不断增加，每年的增长率是g，则：

$$K_e = \frac{D}{P_o} + g$$

式中：K_e 为留存收益成本率。

从以上分析可以看出，由于各类资本的风险不同，投资者要求的风险收益也不同。

（三）综合资本成本

在实际工作中，制约企业筹集资金的因素有多种，经常是筹集一笔资金采取多种渠道、用不同种方式进行。由于各种筹资方式的个别资本成本各不相同，就要计算全部资金的综合资本成本率。

1. 综合资本成本率的计算

综合资本成本率是以各种资金所占的比重为权数，对个别资本成本进行加权平均测算出来的，故称为加权平均资本成本率。显然，综合资本成本率的大小是由个别资本成本率和各种资金比例这两个因素所决定的。综合资本成本率测算的公式如下：

$$K_w=\sum_{j=1}^{n} K_j W_j$$

式中：K_w 为综合资本成本率；

　　　K_j 为第 j 种资本成本率；

　　　W_j 为第 j 种资金占全部的资金比重。

　　其中；$\sum W_j = 1$。

2. 权重确定基础的选择

在计算综合成本的过程中，各种资金所占全部资金的比重可以按账面价值为基础确定，也可以按市场价值或目标价值为基础确定。

（1）以账面价值确定权重

企业财务会计所提供的资料主要是以账面价值为基础的，其权重是由账面价值决定的，可以直接从会计资料中取得其数据资料，由此计算综合资本成本比较便捷。但当资金的账面价值与市场价值有较大的差别时，计算结果会与实际产生较大差距。如股票的市场价格有时就会与账面价值有很大的偏离。在这种情况下计算结果会与资本市场的实际筹资成本有较大的差距，对进行正确的筹资决策所造成的影响是非常不利的。

（2）以市场价值确定权重

以市场价值为基础确定权数可以反映企业当时的实际情况，有利于筹资决策。但以市场价值进行资金比例确定时，由于证券的市场价格处于永不停息的变化之中，在实际工作中操作起来非常困难。如果确定权重以市场价值为依据，一般可以考虑采用一定时期证券的平均价格。

（3）以目标价值确定权重

按目标价值确定综合资本成本计算中的权数是指债券和股票以未来公司预计的目标市场价值确定资金比例。这样的权数方法能够更好地体现出资本结构所希望的要求，而之前的两种权数只能反映之前和目前的资本结构，所以从对比可以看出，按照目标价值来确定权重这样的方式能够更好地使用在筹措新资的时候。但是从现实操作过程中，企业很难准确地评价证券的目标价值，所以说这样的计算方法在实际操作中难度比较大。

在筹资实务中，以目标价值和市场价值确定权重虽然有一定优势，但各自都有自己的局限性，绝大部分企业更愿意采用账面价值来确定综合资本成本率计算中的权重。

（四）边际资本成本

在企业筹资过程中，会遇到这样的一个问题，由于企业不能以固定的资本成本来筹集不固定的资金，所以当筹集的资金超过了一定的数额之后，原来的资本成本就会不断增加，同时也导致了加权平均的资本成本率也在不断提高。这就需要企业在未来追加筹资的时候，不能单纯考虑目前所使用的资本成本，还要考虑未来新筹资的资本成本，由此就要用到边际资本成本的概念。

边际资本成本就是指企业在筹集资金时所需要增加的资本成本，主要是指每增加一个单位所需要增加的成本，所以边际资本成本主要是按加权平均法来计算的。

二、资本结构优化

由于负债具有降低综合资本成本和获得财务杠杆利益的作用，从而使资本结构与企业价值密切相关，因此，寻求最佳资本结构和优化资本结构成为企业筹资管理中的核心问题。

（一）资本结构的内涵

按照所有权所属主体不同，公司资本有两种来源：一种是自有资本，又称为权益资本；另一种是借入资本，又称债务资本。前者是公司股东出资构成的资本，在资产负债表中以所有者权益表示；后者是公司使用，由债权人出资构成的资本，在资产负债表中以负债表示。

不同产业或行业的公司以及同一产业或行业的公司，其权益资本和债务资本的比例是各不相同的。这种不同，会对公司的税后净收益、财务风险、资本成本等产生不同程度的影响，并最终反映在公司的股票价值上。研究资本结构，对公司的财务管理和公司资产的保值增值具有十分重要的意义。

（二）资本结构理论的发展

资本结构理论经历了不同的发展阶段，分为早期的资本结构理论和现代资本结构理论。

1. 早期的资本结构理论

（1）净收入理论

净收入理论假定企业发行债券和股票进行融资时其成本是不变的，也即企业债务融资成本和股权融资成本不会随债券和股票的发行量的变化而变化。同时，该理论还假定债务融资的税前成本比股权融资成本低。从而，该理论认为负债可以降低企业的资本成本，负债程度越高，企业加权平均资本成本越低，企业的价值越大。净收入理论下资本成本与公司价值如图2-1所示。

(2) 净营运收入理论

净营运收入理论认为，不管企业的财务杠杆怎样变化，其中的加权平均资本成本是固定的，所以在这种理论中，企业的总价值也是固定不变的。

净营运收入理论下资本成本与公司价值如图 2-2 所示。

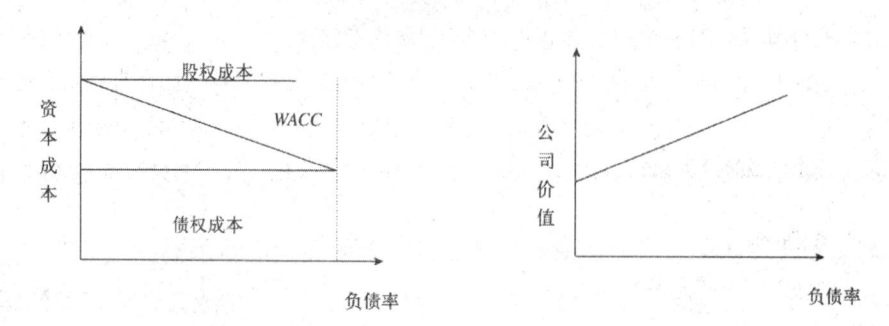

图 2-1　净收入理论下的资本成本与公司价值

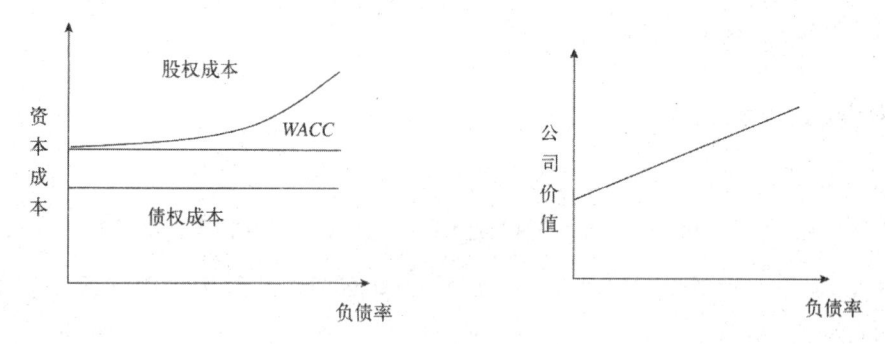

图 2-2　净营运收入理论下的资本成本与公司价值

2. 现代资本结构理论

（1）MM 理论

MM 理论最初由美国学者莫迪利亚尼（Modigliani）和默顿·米勒（Merton Miller）提出。MM 理论第一次用科学、严密的语言，在严格的假设条件下证明了一个观点即，资本结构与企业的价值是无关的。从此，有关资本结构的理解就不仅是只言片语，而是渐渐形成了一个完整的理论体系。后来，两位学者又在原有理论的基础上考虑税收，提出了修正的 MM 理论。而后人沿着 MM 理论的道路，放宽一些原有的假设，推动了资本结构理论的发展，其中比较典型的包括权衡理论。

（2）权衡理论

最初的 MM 理论认为，由于所得税法允许债务利息在税前扣除，在某些严格的假设下，负债越多，企业价值越大。权衡理论发展了 MM 理论，强调对财务困境成本和债务的税收抵免作用的权衡，以期达到最佳的平衡点。

权衡理论认为，存在这样的一个平衡点，公司如果增加负债，那么增大的负债所带来的边际税收减免效应不足以抵偿负债增加所带来的破产风险成本；如果公司减少负债，那么公司破产风险成本的降低又不能完全补偿负债所丧失的税收减免作用。权衡模型下企业资本成本与企业价值如图2-3所示。

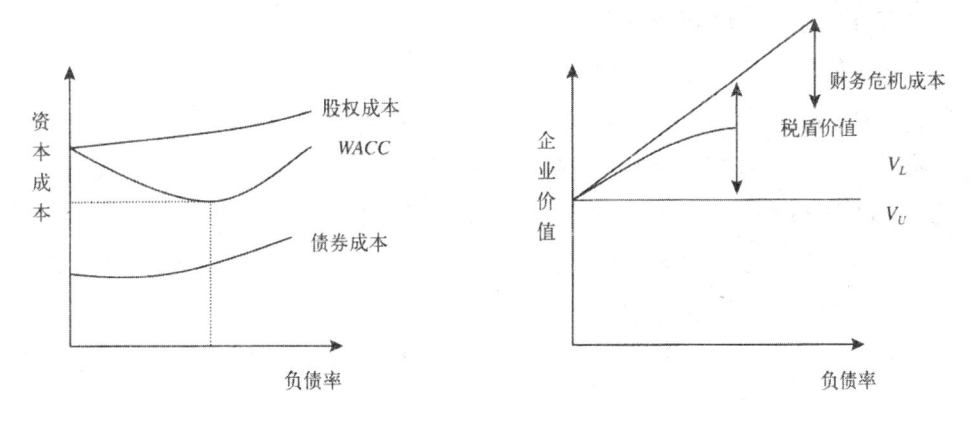

图 2-3　权衡模型下的企业资本成本与企业价值

（三）最优资本结构的决策方法

最优资本结构是指在一定条件下，使企业加权平均资金成本最低、企业价值最大的资本结构。从理论上讲，最佳资本结构是存在的，但是由于企业的内外部条件经常变化，寻找最佳资本结构非常困难。资本结构决策方法主要有比较资金成本法和每股收益无差别点分析法。

1. 比较资金成本法

比较资金成本法是通过计算不同筹资方案的加权平均资金成本，并从中选出加权平均资金成本最低的方案为最佳资金结构方案的方法。

2. 每股收益无差别点分析法

每股收益无差别点分析法是通过分析资金结构与每股收益之间的关系，进而来确定合理的资金结构。一般来说，能提高每股收益的资本结构是合理的；反之则不够合理。每股收益的高低不仅受资本结构的影响，还受到未来赢利能力的影响，企业赢利能力一般用息税前利润（$EBIT$）表示。分析资金结构与每股收益之间的关系，通常采取确定"每股收益无差别点"的方法来分析。所谓每股收益无差别点，是指每股收益不受筹资方式影响的息税前利润水平，或者说是使不同的资本结构每股利润相等的息税前利润水平。

每股收益（EPS）的计算公式为：

$$EPS = \frac{(EBIT - I)(1-T) - D}{N}$$

式中：I 表示负债利息；

T 表示所得税税率；

D 表示优先股股息；

N 表示流通在外的普通股股数。

单纯使用普通股资金或负债资金，其息税前利润和每股收益的关系如图2-4所示。

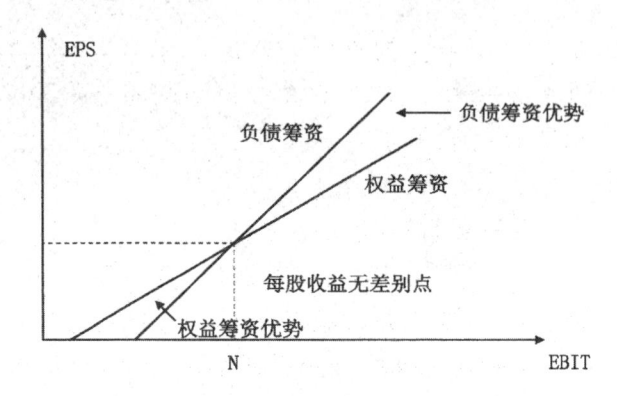

图2-4 息税前利润和每股收益的关系

在每股收益无差别点上，无论采取负债筹资，还是采用权益筹资，每股利润都是相等的。若以 EPS_1 代表负债筹资，以 EPS_2 代表权益筹资，则有：

$$EPS_1 = EPS_2$$

能使上式成立的 $EBIT$ 为每股收益无差别点的息税前利润。则每股收益无差别点的计算公式为：

$$\frac{(EBIT - I_1)(1-T) - D}{N_1} = \frac{(EBIT - I_2)(1-T) - D}{N_2}$$

解出上式方程中的 $EBIT$，即可求出每股收益无差别点的息税前利润。

（四）资本结构的优化途径

1. 存量调整

存量调整是指在不改变现有资产规模的基础上，根据目标资本结构的要求，对现有资本结构进行必要的调整。存量调整的方法有：①债转股、股转债；②增发新股偿还债务；③调整现有负债结构，如与债权人协商，将短期负债转为长期负债，或者将长期负债列为短期负债；④调整权益资本结构，如优先股转化为普通股，以资本公积金转增股本。

2. 增量调整

增量调整即通过追加筹资量，从增加总资产的方式来调整资本结构。其中主要途径是从外部取得增量资本，如发行新债、举借新债、发行新股等。

3. 减量调整

减量调整即通过减少资产总额的方式来调整资本结构。如提前偿还借款，收回发行在外的可提前赎回债券，股票回购减少公司股本，进行企业分立等。

资金成本的产生是由于资金所有权与资金使用权分离的结果。资金作为一种特殊的商品，也有其使用价值，即能保证生产经营活动顺利进行，能与其他生产要素相结合而使自己增值。企业筹集资金以后，暂时地取得了这些资金的使用价值，就要为资金所有者暂时丧失其使用价值而付出代价，因而要承担资金成本。

资本结构理论是企业财务管理的重要组成部分，主要研究资本结构的变动对企业价值的影响。从技术上讲，资本成本、财务风险与资本结构密切相关。综合资本成本最低，同时企业财务风险最小时的资本结构能实现企业价值最大化，因而是最理想的资本结构。

第四节 现代企业筹资风险与防范控制

一、筹资风险的含义

筹资风险是指企业在筹资活动中由于资金供需市场、宏观经济环境的变化或筹资来源结构、币种结构、期限结构等因素而给企业带来的预期结果与实际结果的差异。筹资活动是企业生产经营活动的起点。企业筹集资金的主要目的是扩大生产经营规模，提高经济效益。由于市场行情瞬息万变，企业之间的竞争日益激烈，可能出现投资决策失误、管理措施不当等情形，从而使得筹集资金的使用效益具有很大的不确定性，由此便产生了筹资风险。

通常，企业的筹资风险是由内、外两种因素造成的。内部因素包括企业筹资结构、资金成本高低等；外部因素包括企业经营状况风险、现金及资产流动状况、金融市场及政策调整。内、外因素紧密联系，它们之间相互作用可以一起诱发筹资风险。

二、筹资风险的类型

从资金来源看，企业的筹资行为可分为债务筹资、权益筹资和混合筹资。债务筹资包括银行贷款、债券筹资、租赁筹资、商业信用筹资等；权益筹资包括股权筹资和内部留存收益；混合筹资是指同时具有债务筹资和权益筹资特点的筹资方式。传统的财务理论认为筹资风险就是债务风险，事实上，企业筹资风险还包括权益筹资风险等其他筹资方式产生的风险。

（一）权益筹资风险

它是企业筹资风险的一大组成部分，不存在还本付息的问题。这部分筹入资金的风险具体表现在两方面，即企业控制权分散的风险和企业资金成本增加的风险。如果企业采用吸收直接投资的方式筹集资金，一般需要付出一定的代价，即投资者常常要求获得与投资数量相适应的经营管理权。如果外部投资者的投资较多，则投资者会有相当大的管理权，甚至会对企业实行完全控制。而企业采用发行普通股的方式筹资时，表现为出售新股票，引进新股东，此时就很容易分散企业的控制权。由于企业内部筹集到的自有资金的使用效益存在不确定性，因此，决定了其采用内部自有筹集资金的方式具有一定风险。这常常表现为企业资金使用效率低下时，无法满足投资者的投资报酬期望，从而引起企业股票价格下跌，使融资难度加大，最终导致企业资金成本上升等问题。留存收益筹资是指企业将留存收益转化为投资的过程，将企业生产经营所实现的净收益留在企业，而不作为股利分配给股东，其实质为原股东对企业追加投资。留存收益筹资具有三个优点：不发生实际的现金支出；保持企业举债能力；企业的控制权不受影响。留存收益筹资也具有两个缺点：期间限制；须与股利政策权衡成本与收益。

（二）债务筹资风险

在企业债务筹资过程中，受资金供需情况和宏观经济环境等不确定因素的影响，给企业盈利带来损失的可能性，这就是债务筹资风险。这种筹集资金的方式通常有两种风险影响，即企业破产倒闭的风险和企业再融资能力降低的风险。原因在于，不管企业采用的是发行债券、取得长期或短期贷款，还是采用借入资金等方式，都必须按期还本付息。如果不能产生经济效益，企业最终不能按时还债，就很可能造成企业财务陷入不能偿付的恶性循环中，有的还可能导致企业倒闭。另外，如果企业负债过度，则会出现非常重的债务负担，在债务到期时不能按时足额还本付息，这将直接影响到企业信誉。这样一来，结果就不容乐观了，那些金融企业或其他企业就不会再愿意向该企业贷款或借出资金，最终给企业带来的是再融资能力降低的风险。

（三）混合筹资风险

混合筹集资金通常也会给企业带来风险，表现为企业财务负担增加的风险和企业发行成本增加的风险。企业财务负担增加的风险在于，企业若通过发行优先股筹集资金，由于优先股需要支付固定股利，但又不能税前扣除，因此，当企业盈余下降时，优先股的股利通常会增加企业的财务负担。企业发行成本增加的风险在于，企业通过发行可转债，虽然可以使其以较高股价出售普通股，但当转股时，如果适逢普通股价格上扬，无疑会增加企业实际的发行成本，这时发行价格远远高于单纯发行债券的价格。

从控制筹资成本的角度考虑，从一般理论上来讲，企业首选的应该是债务筹资方式。但需要注意的是，债务筹资风险要高于权益筹资风险。这主要表现在资金不能按期如数偿还的风险。在债务筹资方式下，借债必须按期如数偿还，资金不能偿还的损失完全是由企业自身来负担的。企业必须想尽一切办法将所借资金按期如数归还，才有可能保证其持续经营下去。而权益筹资的情况正好相反，因为它属于一种持续终身的投资，可以永久使用，无须考虑偿还的问题。一方面，股东一旦认股后，除非由占相当比例股份的股东发起，并经法定程序对企业进行清算，否则任何单个股东都无权要求退股，只能通过转售股权来变现；另一方面，企业盈利好则多分红，盈利不好则少分红，甚至可以不分红。作为筹资主体的企业如果采取债务筹资方式，必须考虑到期能否还本付息，以防止筹资风险的发生。如果企业预期难以还本付息，只能转向权益筹资。显然，企业是把股东出资作为防止筹资风险的"避风港"来运用的，也可以说，企业是把权益资本作为其自身还债风险的担保物或稀释物来筹措的。因此，在实际筹资过程中，企业应在筹资风险和筹资成本之间进行权衡，确定一个最优资本结构，使得筹资的综合资金成本较小的同时，将筹资风险保持在适当的范围内。只有恰当的筹资风险与筹资成本相配比，才能使企业价值最大化，实现长期可持续的良性发展。

三、筹资风险程度识别

筹资风险程度识别是对企业筹资风险状况的总体反映，主要通过对企业面临的某种风险因素发生的可能性及其影响程度的综合考虑，来判断该风险的总体情况。企业内部及外部市场环境影响下的风险是随时间而变化的，所以筹资风险是动态变化的。这种动态表现在内在和外在两方面：内在动态是指债务或者权益本身的纵向时间推移；外在动态是指债务流程环节的推移。不同的流程环节下，某项债务随时间的推移表现的风险强度不一样。例如，当完成筹资需求，承担相应债务成本之后，筹资环节的信用风险就几近固化。因此要特别注意的是，筹资风险程度识别估计结果应根据实际情况的演变不断进行调整。风险按照其结果发生的可能性，可分为基本确定、很可能、可能、极小可能这四种等级。各种筹资风险因素导致的风险损失的严重程度可以大致分为五种级别：轻微、较小、中等、较大、极大。根据风险因素发生的可能性及其影响程度来确定风险程度，风险可表示为低、中等、显著、高四种程度。通过识别，可以判断筹资风险程度上的高低，以便进一步评价和应对。

四、筹资风险控制

（一）风险防控技术

1. 选择最佳资本结构

选择最佳资本结构是企业筹资管理的主要任务之一。最佳资本结构是指在企业可接受的筹资风险之内，使得加权平均资金成本最低、企业价值最大的资本结构。资金成本的高低是企业筹集资金决策的核心，是决策方案选择时的重要指标。企业财务人员必须分析比较各种来源的资金成本，并结合风险因素将其合理配置，确定一种最优筹资方案。权益资金和债务资金，二者相辅相成。一个企业如果只有权益资金而没有债务资金，虽然筹资风险相对较小，但筹资成本相对较高，也不能利用财务杠杆所带来的收益，自然也就不能实现收益的最大化；没有权益资金的存在，企业也就失去了借到债务资金的可能，但是如果债务资金过多，虽然企业的筹资成本可以降低，收益也可以提高，筹资风险却加大了。因此，确定资本结构时，应在权益资金和债务资金之间进行权衡，只有恰当的筹资风险与筹资成本相配合，才能使企业价值最大化。确定合理的资本结构要考虑多方面的因素，如资金成本、资金期限、偿还方式、限制条件和财务风险等。其中要解决的一个主要问题就是债务筹资的规模和结构，它对企业总体资金成本和企业的财务风险都有着重要的影响。

确定最佳资本结构的方法有每股收益无差别点法、比较资金成本法和公司价值分析法。每股收益无差别点法是根据计算每股收益无差别点，分析判断在什么样的销售水平下适合采用哪种资本结构。比较资金成本法是计算不同资本结构的加权平均资金成本，并以此为标准相互比较，综合资本成本最低的资本结构为最佳。公司价值分析法是在充分反映公司财务风险的前提下，通过测算公司价值来确定最佳资本结构。

2. 选择适当的筹资方式

企业在经济发展的不同时期应选择不同方式筹集资金。一般来讲，对于规模较大、实力较强的企业，可选择债务筹资方式，这样既可实现补充资金，又不至于对企业控制权有大的影响。新建企业或者规模较小的企业，若想补充自有资金的不足，迅速筹集资金，扩大生产经营规模，选择发行股票方式较为理想。针对不同行业，也应考虑选择不同的筹资方式。

（1）制造业企业的资金需求是比较多样和复杂的，资金周转相对较慢，经营活动和资金使用涉及的面也相对较宽，因此风险相应较大，筹资难度也要大一些，可选择的筹资方式主要有银行贷款、融资租赁等。在筹资期限上，可考虑流动性资产采用短期负债，固定性资产采用长期负债。

（2）商业企业的资金需求主要是库存商品所需的流动资金贷款和促销活动上的经营性开支借款。其特点是频率高、贷款周期短、贷款随机性大。因此，银行贷款是其最佳选择，以短期筹资方式为主。

（3）高科技型和服务型企业的主要特点是成本低、高风险、高收益。此类企业除可通过一般企业采用的筹资渠道融资外，还可采用吸收风险投资公司投资、科技型企业投资基金等进行创业。

3.合理安排筹资期限组合方式

长、短期筹资各有其优势和劣势。短期借款成本低、弹性大、风险大；而长期借款成本高、弹性小，风险相对较小。因此，企业在安排两种筹资方式的比例时，必须在风险与收益之间进行权衡。一般来说，企业对筹资期限结构的安排主要有三种方式：中庸筹资法、保守筹资法和风险筹资法。

（1）中庸筹资法。这是大部分企业经常采用的筹资方法，是指企业根据资产的变现日期，安排相应的筹资期限结构，使资产的偿付日期与资产的变现日期相匹配。采用这种方法的企业，对风险持有既不回避也不主动追求的中立态度。企业在采用这种方法时，流动资产的短期性变动部分中的季节性变动部分用短期负债筹措资金，长期性流动资产部分及固定资产则可采用长期负债、股东权益和长期性流动负债等长期性资金的方式。在采用中庸筹资法的当年，除安排长期借款外，在淡季无须进行短期借款，短期借款将用多余的现金偿还；当企业经营进入旺季需要资金时，可以进行短期借款，这样企业只有在需要资金时才去筹资。这种方式可使企业降低其无法偿还即将到期负债的风险。

（2）保守筹资法。采用保守筹资法，企业不但以长期资金来满足永久性流动资产和固定资产，而且还以长期资金来满足由于季节性或循环性波动而产生的部分或全部暂时性资产的资金需求，也就是以长期资金来满足几乎所有的资金需求。采用这种方法的企业，对风险持有尽量回避的态度。这样企业在淡季时，由于对资金的需求下降，可以将闲置的资金进行短期投资，比如投资到短期有价证券上。通过这种方式，企业不但可以获得一定的短期收益，还可以将其部分变现，储存起来以备资金需求增加的旺季时使用。但到了旺季时，企业除可出售所持有的有价证券外，还需要使用少量的短期信用才能筹措到足够的资金，以满足其临时性的资金需求。

（3）风险筹资法。采用风险筹资法的企业的长期资金来源不能满足长期资产的需求，要靠短期资金来源来弥补。用短期借款筹措所需长期资金的数量越大，筹资的风险性也就越大，但同时短期资金成本较低，在利率不变的情况下，企业支付的利息费用越少，得到的利润就越大。因此，这是一种更积极但风险也更大的融资政策。企业不仅要承担更高的贷款不能展期与筹资困难的风险，还要面临利率上涨而可能导致支出更多利息的风险。

这三种筹资方式的运用应根据各企业的不同情况来采纳，没有绝对的优劣之分。企业要结合自身具体情况和经济形势的要求，灵活运用不同期限的筹资方式。

4. 提高资金的使用效率

（1）保持合理的现金持有量，确保企业的正常支付和意外需要。现金是流动性最强的资产。现金持有量过少，不能保证企业的正常支出；现金持有量越多，企业支付能力就越强，但同时也失去了这部分现金的投资机会，造成资金的机会成本过大。因此，企业必须预测企业经营过程中的现金需求和支付情况，以确定合理的现金储备量。

（2）加强应收账款管理，加快货币资金回笼。应收账款是被债务人无偿占用的企业资产。如果不能及时收回应收账款，不仅影响企业的资金周转和使用效率，还可能造成坏账损失。因此，企业应通过建立稳定的信用政策、设定客户的资信等级、维持合理的应收账款比例、制定有效的收账政策等措施，加强对应收账款的管理，减少应收账款的资金占用风险。

（3）加强存货管理，提高存货周转率。存货是企业流动资产中变现能力较弱的资产。如果存货在流动资产中比重过大，一方面会使速动比率过低，影响企业的短期变现能力；另一方面增加了存货的机会成本和储存管理费用，影响企业的获利能力。因此，要通过完善企业的内部控制和生产经营流程，计算经济订货批量，使企业存货保持在一个合理的水平。

5. 加强对筹资风险的阶段性控制

（1）事前控制。①企业应做好财务的预测、计划与预算工作。在对外部资金的选择上，应从具体的投资项目出发，运用销售增长百分比法确定外部筹资需求。可以借鉴以往的经验，结合对财务报表的分析，确定外部资金需求规模，使各项数据直观、准确。企业应根据短期的生产经营活动和中长期的企业发展规划，提前做好财务预算工作，安排企业的融资计划，估计需要筹集的资金量。在编制具体财务预算过程中，企业可以依据行业特点和宏观经济运行情况，保持适当的负债比率。根据生产经营的需求，合理安排筹集资金的时间和数量，使筹资时间、资金的投放运用紧密衔接，及时调度，降低空闲资金占用额，提高资金收益率，避免由于资金未落实或无法偿还到期债务而引发的筹资风险。②确定资本结构，合理安排权益资本金与借入资金的比例，选择适当的筹资组合以降低资金成本。企业在经营过程中，要根据所处的行业特点和企业自身情况，确定最佳的资产负债结构。主要通过动态地监控流动比率、速动比率、资产负债率等反映企业偿债能力的财务指标，保持适当的短期变现能力和长期偿债能力，提高企业抵抗筹资风险的能力及企业的市场竞争力。

（2）事中控制。事中控制应重点强调资金的使用效率，增强企业使用资金的责任感，从根本上降低筹资风险，提高收益。很多企业长期以来缺乏资金使用效率的意识，缺少资金靠借贷，资金投入时较少考虑投资风险、投资回报以及投资回收期的长短，以致企业资金越借越多，自身"造血"功能越来越差。因此，企业应加强资金使用意识，把资金管理作为重点，加强对流动资金的动态管理，确保投资效益，优化资本结构，减少企业收不抵支的可能性和破产风险。另外，在还款期限和还款额度方面，应尽可能地将还款期限推迟到最后，同时保持企业良好的信誉。这样虽然没有现实的现金流入，但却获得了货币时间价值，节省了一定的使用成本。保持适当的还款额度可以减少企业资金使用风险，使企业不至于因还款额度过大而承担较大的财务风险。

（3）事后控制。事后控制主要是对本次筹资过程进行财务分析。企业筹资是为了投资，而投资又是为了获得利润。资金从筹集到使用的整体过程结束后，企业必须对本次项目运作的全过程进行全面系统的分析，主要分析企业各种资金的使用效率和各项财务比率，重点应放在对财务报表的分析上，总结经验教训以指导今后的筹资工作。

（二）风险管理制度

1. 建立筹资风险管理制度

企业应从自身的实际情况出发，建立筹资风险管理责任制度，将筹资风险防控纳入企业财务管理活动中。在认为必要、可行之时，企业可在财务部门下专设筹资风险管理小组，以控制筹资成本和降低筹资风险。其主要职责是分析本企业现有资本结构，分析筹资风险的来源，拟定风险管理策略，与债权人及权益资本所有者进行接洽，建立切实可行的筹资风险管理体系。

2. 强化经营管理人员的风险意识

在社会主义市场经济体制下，企业成为自主经营、自负盈亏、自我约束、自我发展的独立的商品生产者和经营者，必须独立承担风险。企业在从事生产经营活动时，内、外部环境的变化导致实际结果与预期效果相偏离的情况是难以避免的。加强经营者和财务管理人员对风险的职业判断能力，培养他们的风险意识和对风险的灵敏嗅觉，及时发现和估计潜在的风险，对于企业防范风险来说具有重要的意义。企业的经营管理人员必须首先树立风险意识，正确认识风险，科学估测风险，预防潜在风险，有效应付风险，必须立足于市场，在充分考虑影响筹资风险因素的基础上，制订适合企业实际情况的风险规避方案。例如，企业的领导人员应避免由于决策失误造成支付危机；在企业面临筹资风险时，应积极采取措施，利用延期付款、降低利率、债务重组、动员债权人将企业部分债务转作投资等形式，适时与债权人进行协商，给企业持续经营创造条件，避免因债权人采取不当措施而影响企业的生产经营。企业的经营管理人员必须将防范筹资风险贯穿于财务管理工作的始终，统筹协调生产经营各个环节，建立财务预警机制，用系统的、动态的方法随时监控企业的筹资风险，力争做到高收益、低风险。

3. 建立健全风险预警机制

企业必须立足市场，建立一套完善的风险预警机制和财务信息网络，及时地对筹资风险进行预测和防范，制订适合企业实际情况的风险规避方案，通过合理的筹资结构来分散风险。例如，通过控制经营风险来减少筹资风险，充分利用财务杠杆原理来控制投资风险，使企业按市场需要组织生产经营，及时调整产品结构，不断提高企业的盈利水平，避免由于决策失误造成财务危机，把风险降到最低限度。风险预警系统是指为防止企业财务系统运行偏离预期目标而建立的报警系统。它是企业对可能发生的风险和危机进行事先预测和防范的一种战略管理手段。企业风险预警系统作为一种行之有效的财务风险控制工具，其灵敏度越高，就能越早地发现问题并告知企业经营者，从而越能有效地防范与解决问题，规避风险。具体来讲，可对涉及筹资活动的重要指标进行分析，并利用这些变量进行筹资风险分类和识别，在此基础上构建筹资风险预警模型以预防和控制财务风险。在这个过程中，应注意加强信息管理、健全筹资风险分析与处理机制、建立筹资风险预警的计算机辅助管理系统等方面的工作，充分发挥该系统在风险识别与管理控制上的重要作用。

4. 努力实现科学的筹资决策

通过建立切实可行的筹资决策机制，可以提高筹资决策的科学化水平，降低决策风险。一方面，要规范筹资方式和程序，做好筹资决策可行性研究，尽量采用定量计算及分析方法，并运用科学的决策模型进行决策，防止因筹资决策失误而产生的财务风险；另一方面，在筹资决策中不仅要考虑筹资机会和风险、企业发展目标和阶段、现有资本结构及经营管理状况，还必须考虑财务匹配因素，即在企业经营或投资项目所需资金量相匹配的前提下安排筹资，防止过度筹资或筹资不足，从而保证公司资金的良性循环，使公司业务成长得到稳健财务的支持，正常开展生产经营活动。

5.加强经营管理者的水平

完善资金管理体制，提高企业财务管理和财务控制水平，加强企业资金管理；按照市场需要组织生产，及时调整产品结构，完善企业生产经营流程，使存货保持在一个合理的水平，不断提高存货周转速度；深入调查了解客户的资信等级，建立稳定的信用政策，确定合理的应收账款比例，严格企业收款责任制，积极催收货款，加速应收账款的周转，减少和控制坏账损失的发生；采用商业信用的形式，合理利用客户的资金，努力降低筹资成本；掌握财务分析方法，结合企业各方面的实际情况认真研究资金使用计划，利用财务分析方法对企业的财务状况、经营成果、现金流量进行综合分析与评价，不断提高企业的经营管理水平。

第三章 现代企业投资管理与风险防范控制

第一节 现代企业投资管理概述

企业进行投资是指企业将其闲置的资金通过投放在一定的领域或者是企业中,期望在未来获得一定收益的经济行为。投资管理(Investment Management)是企业的一项金融上的业务,主要针对的是企业的资产及其证券,有时候也包括一些加盟连锁、商业投资和项目投资等内容,目的是为投资者做出相应的金融分析、股票筛选和资产筛选等,达到投资者的投资目标。

一、企业投资的内涵及分类

(一)投资的内涵

投资是指某一个特定的经济主体在一定期限内向一定领域投放资金或者实物等货币等价物,以期在未来的某个时间点获得收益的经济行为。这种收益的获得是补偿投资者的投资资金被占用的时间,即资金的时间价值的因素。因此,投资是带有财务风险的一种经济行为,企业经营者或者其他投资者在进行一定的投资决策时,需要结合自身的实际情况,充分考虑到投资的风险性、回收收益的不确定性、回收期限长短等特点,合理安排投资行为。投资无论是对企业还是对社会来说,都有着十分重要的作用。对企业来讲,投资是企业的管理者对企业闲置资金的再利用,若投资选择得当,则该企业不仅可以加速资金的使用率,而且可以提升企业盈利的水平。对社会来说,企业的经营者或者其他投资者对某一项目进行投资,必然会投入一定的人力资源和物质成本,这样一方面可以给社会失业人员或者待就业人员提供一定的工作机会;另一方面可以提高社会总的生产水平,提高社会总的消费水平,最终促进社会经济的增长。

(二)投资的分类

投资按照不同的标准可以划分为不同的种类。其中,按照投资期限的长短不同,投资可以分为短期投资、长期投资。短期投资指的是投资者把其闲置的资金进行短期投资,谋取一定收益的投资行为。这个期限一般不大于一年，企业投资的领域一般选择的是一些易于变现的投资对象，如股票、债券等。长期投资一般是指投资者把资金进行长期投资的经济行为，这种投资不是为了谋取投资的收益，而是为了实现对受资企业直接或者间接的控制，提高其在受资企业的决策影响力。这个期限一般大于一年，投资的领域主要为长期的债券投资、长期的股票投资等内容。

1. 按照投放内容的差异进行分类

按照投放内容的差异，投资可以分为实物投资、证券投资、货币投资。实物投资是投资者把某些固定资产等实物进行投资的一种经济行为。通常情况下，实物投资是把这部分实物或者是材料等按照一定的计算标准折算为资产的价值，以资本的形式计入受资企业的投资额。证券投资是指投资者通过购买某个企业的股票、债券或者是基金券等有价证券，从而为投资者谋求利息或者差价的一种投资行为。通过证券投资，投资者可以直接或者间接地控制受资企业的经营管理权，有利于改善受资企业的经营管理，提升其经济效益，最终提高投资者的收益。货币投资指的是投资者用货币资金直接进行投资，货币资金主要包括现金、银行存款或其他形式的货币资金。投资者用货币资金进行投资，相对其他投资形式来说更为直接，但是投资者在选择货币投资对象的过程中，需要对受资对象进行财务上的考察，确定其有偿还的能力，再进行投资，避免投资失误现象的出现。

2. 按照投资性质的不同进行分类

按照投资性质的不同，投资可以分为债权型投资、权益型投资和混合型投资。债权型投资的含义是一个企业通过向另一个企业进行投资，从而获得该企业的债权的投资行为，这种债权型投资行为会使得投资者与受资企业之间形成相应的债权与债务关系。投资者选择债权型投资，就是为了可以从受资企业中获取高于银行存款利率的利息，提升企业的利润水平。债权型投资风险相对较低，但是投资者不能直接或者间接地参加受资企业的经营管理，因此，其收益水平也较低。投资者在做出对某一个企业的债权型投资的决策时，必须考虑到受资企业的偿债和支付能力，以便投资者可以在约定时间内收回投入的资金和获取相应的利息，避免资金收不回来的现象的出现，给投资者带来经济损失。权益型投资指的是一个企业为了获得另一个企业的权益或者是其他净资产而对另一个企业所进行的投资行为，目的是获得对这一企业的控制权或者是绝对的影响力。如一个企业对其他企业的普通股股票或者优先股股票的投资，又或者是一个企业采用合同的方式向另一个企业进行资产的投资而取得该企业股权的一种投资行为等。企业进行权益型投资可以参与受资企业的财产分配，也可以参与其经营管理，会给投资企业带来较高的收益。但是企业在进行权益型投资的过程中，不能从受资企业中撤出投入的资金，只能依法进行投入资金的转让，这对企业的投资者来说,有着较大的投资风险,所以,需要投资者在进行权益型投资的决策过程中,充分考虑到自身的能力和受资企业的经济情况及信用情况,科学、合理地选择该企业的投资方式。混合型投资是债权型投资和权益型投资的综合体,其具有债权型投资和权益型投资各自的优点,并且能有效地避免债权型投资和权益型投资的弊端,可以实现两者之间的自由转换。①

二、企业投资管理的基本要素和特点

企业投资管理（Investment Strategy）是指根据企业总体经营战略要求,为维持和扩大生产经营规模,对有关投资活动所做出的全局性谋划。它是将企业的有限投资资金,根据企业战略目标来评价、比较、选择投资方案或项目,以求获取最佳投资效果。

（一）企业投资管理的基本要素

企业投资管理包括三个基本要素：战略思想、战略目标和战略内容。其中,战略思想指的是企业在制定投资战略时应当遵循的原则,也是企业长期投资运筹帷幄的灵魂。投资目标是企业投资管理思想的具体体现,是企业在较长一段时期内投资规模、投资水平、投资能力、投资效益等主要定量目标的实现。战略内容是企业根据战略目标制定的具体的投资活动,包括战略手段、资金、日程、实施的组织、预期效果等。

（二）企业投资管理的特点

企业投资管理具有从属性、导向性、长期性、风险性四方面的特点。

从属性是指企业投资管理必须服从国民经济发展战略,服从企业总体发展目标和企业财务战略目标,是企业战略目标的主体部分。

导向性是指企业投资管理一经制定,就成为企业进行投资活动的指导原则,是企业发展的纲领,在一定时期内相对稳定。另外,投资管理对企业的业务发展也具有导向作用,企业通过投资管理的实施来有效配置企业内部资源,发展前景好的业务往往是投资管理实施的重点。

长期性是指企业投资管理为谋求企业的长远发展,在科学预测的基础上,确定企业投资发展的方向和趋势,也规定各项短期投资计划的基调。

风险性是指企业在实施投资管理时会受到许多不确定性因素的影响,这些因素是无法事先知晓和控制的,投资管理不能消除这些风险,也难以把这些风险降到最低,投资管理一旦失败,将会给企业带来重大损失,甚至会导致企业破产和倒闭。

---

① 于广敏. 企业财务管理与资本运营研究 [M]. 长春：东北师范大学出版社, 2016.

三、企业投资活动规律

企业投资首先是企业相对独立进行的，应遵循企业主体行为规律；再者，企业投资是一种特殊的投资活动，其发展运行依从投资运动的一般规律。正是在这两个规律制约下，企业进行投资，并促进同一投资目标的实现。

（一）企业主体行为规律

企业作为投资主体，其投资行为是按一定规律进行的，投资动机→投资行为→投资效果是一条必然的途径。企业投资刺激一般来自企业外部环境，如政府的经济政策、市场的短缺等。当外部刺激与企业投资目标一致时，企业就会产生投资动机，从而导致一定的投资行为，并产生一定的投资效果。若投资效果与企业最初投资目标一致，能够强化企业的投资动机，这样如果再出现同样的投资机会，企业会愿意采取同样的投资行为；若投资效果与企业最初的投资目标偏离，则无助于强化企业投资动机。因此，企业在受到外界刺激，产生投资反应时，要充分估计投资效果，而不能盲目投资。

（二）企业投资运动的一般规律

1. 现代企业投资具有社会化大生产的特点，投资规模具有明显的扩充性

在现代经济环境中，任何企业都不是孤立的。一种产出，有赖于众多企业的万千投入；一种投入，也会促进众多企业的万千产出。这样，单个企业的投资就受多方面条件的制约，成为社会性的活动，而且，企业投资额的数量限制也越来越大，为发挥规模经济的效力，更强调企业投资要素的"集聚效应"。因此，企业在投资时，一方面要保证投资要素的数量；另一方面要考虑企业投资所处的社会环境，必须通过对相关因素的逐一分析，才能对投资效益得出准确结论。

2. 企业投资是一个复杂的、连续不断的循环周转过程

企业投资是通过具体的投资项目实现的。这就有一个投资项目的选择、投资项目的准备、投资项目的评估、投资项目的谈判、投资项目的实施、投资项目投产和发挥效益、投资项目投资回收的完整过程，只有各阶段工作循序渐进地进行，才能实现企业投资的目的。否则，就会形成投资基金在某一阶段的呆滞，造成投资物品的无效耗费，投资价值的损失，从而使企业既达不到投资目的，又程度不同地遭受经济损失。而且，由于投资是企业生产发展的重要途径，投资运动过程只有不断地持续下去，经过投入到收回的不断循环和周转，企业才会有旺盛的生命力。但是，投资的循环和周转是一个不同于一般工业生产的特殊经济过程。由于企业投资客体在其相互联系又相互独立的运动过程中所呈现出的形

式多样性，造成了企业投资周转上的复杂性。例如，企业投于固定资产的资金，其循环就不同于企业对流动资产的投资；企业对证券投资，其收回增值的方式，也不同于实物投资。这告诉我们，既然不同类型企业投资具有各自不同的运动形式，就应把握其特点，研究其规律，适应其要求，才能确保运动中的循环和周转不致中断，也才能实现企业投资的目的和要求。

3. 企业投资收益有一定的风险性，而且投资效益存在个别效益和社会效益的不一致性

企业投资之所以具有收益上的风险，因为投资决策是人们的主观反映，投资实施与经营是客观过程，主客观完全一致是不可能的；再者，投资的实施和经营是一个变化发展的运动过程，这个运动过程会因为投资实施中的错误行为和经营管理中的调度不当而发生主观风险，也会由于其制约条件和生存环境变化，遭受意想不到的客观风险。同时，企业投资毕竟是单个企业的行为，在某项投资给企业带来很大收益时，也存在损坏或影响其他企业利益的可能性，个别效益和社会效益这种不一致性，从长远看，势必会束缚企业投资的扩展。因此，企业在投资时，必须做好投资的预测和决策，而不能仓促拍板；必须进行正确的投资实施，严防错误行为发生；必须搞好投资经营中的协调工作；在可能的条件下，结合社会的、政治的、经济的、自然的因素和环境因素，综合考虑，尽可能达到企业投资的个别效益和社会效益的趋同。

4. 固定资产投资是企业投资运动的主要部分，它有特殊的运动方式，在一定程度上，制约和影响企业投资总体运动固定资产投资有以下特点：①产品的固定性。固定资产产品的建设具有固定的地点、固定的用途、固定的对象，生产性项目还有固定的工艺、技术、装备和流程。一旦投资建成，很难改变地点、用途、使用对象和技术工艺。②生产过程的长期性。固定资产生产是一项在长时期内投入大量活劳动和物化劳动而没有任何产出的事业，需要企业用其投资资金做大量的垫付。③产品的单件性。这表现在固定资产功能的单一性、条件的差异性、生产的单件性以及成本价格的单件性等方面。④管理的特殊性。固定资产生产的特殊性，要求企业对固定资产投资采取特殊的监督方式和管理方式，在决策固定资产投资时，更应侧重可行性分析和研究。

四、企业投资的作用

在现代经济生活中，企业是国民经济的细胞，是生产和流通的基本活动单位。企业投资不仅会促进微观经济的发展，更为宏观经济的繁荣奠定了基础。

（一）企业投资以企业为投资主体，有助于提高投资效益

1. 企业是国民收入的创造者，是资金积累和投放的主要执行者，根据责权利相统一的原则，企业自然应拥有资金的筹措和投放决策权，同时对筹资与投资效果负责。

2. 从企业投资的条件来看，国家宏观管理部门无法把握众多的资金短缺和盈余信息，也无法管理繁杂的金融与投资业务；金融机构只是一个通过存放款业务为其他企业服务的企业，它的存在主要依赖于企业的资金运动。而企业不但掌握着主要闲置资金，还是主要的投资资金需要者，且与各种资金来源和投资主体之间存在着直接的、广泛的联系，有能力也有条件管理企业投资的各种业务。

3. 企业投资效果与企业有最直接的关系，因而企业也最关心投资效果。在处理国家与企业的投资关系上，企业必须成为在国家宏观调控和经济政策引导制约下的投资主体。

（二）企业投资是企业存在和发展的原动力

首先，新企业的诞生依赖于投资，没有投资的注入，新企业就不可能产生；其次，现有企业的扩展也离不开投资，投资与再投资是企业的生命；最后，企业之间优胜劣汰，也是通过企业投资运动实现的。同时，现有企业的发展状况对投资也具有促进和制约作用。企业投资的经济要素除了一部分以自然状态存在的自然资源外，其主要部分还是依靠现有企业资金积累和物资积累。因此，要提高企业投资效果，就必须经营管理好现有企业。

（三）企业投资是促进国民经济增长的重要因素

企业投资形成和改变着社会再生产的物质技术基础，创造着市场需求和供给，影响着人民的物质文化生活水平。因此，企业投资是关系整个国民经济稳定与发展的大事，投资的流向、比例、效果影响着国民经济中的产业结构、积累和消费、生产力水平的高低。

（四）企业投资与社会政治稳定有很大关系

企业投资效益好，企业稳步发展；人民的物质文化生活水平也因此有较大程度的满足，人民生活安定；而且，企业发展壮大，社会就业机会增多，有利于提高就业水平，减少影响社会政治稳定的不安定因素。

第二节　现代企业项目投资管理

一、投资项目现金流量分析

现金流量是指一个投资项目所引起的企业现金支出和现金收入增加的数量，包括现金流出量、现金流入量和现金净流量三个概念。所谓现金，不仅包括库存现金、银行存款等货币性资产，还包括非货币性资产（如厂房、设备、原材料等）的变现价值。

现金流量可按照投资项目的整个生命周期进行归属，具体如图3-1所示。

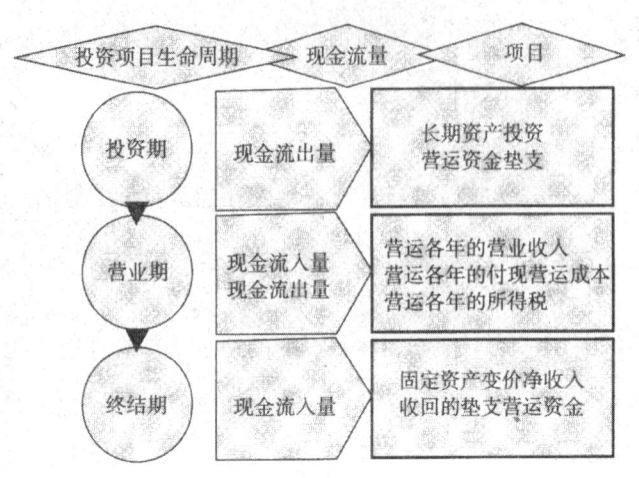

图 3-1 投资项目各阶段的现金流量

（一）投资期的现金流量

投资阶段的现金流量主要是现金流出量，即在该投资项目上的原始投资，包括长期资产投资（如固定资产的购置成本、运输费、安装费等）和营运资金垫支（投资项目形成生产能力后，需要追加投入的日常营运资金）。

（二）营业期的现金流量

营业阶段的现金流量既有现金流入量，也有现金流出量。现金流入量主要指营运各年的营业收入，现金流出量主要指营运各年的付现营运成本和所得税。因此，投资项目正常营运阶段所获得的营业现金净流量为：

营业现金净流量 = 营业收入 – 付现成本 – 所得税

（三）终结期的现金流量

投资项目终结阶段的现金流量主要为现金流入量，包括固定资产退出生产经营的变价净收入和收回的项目开始时垫支的营运资金。

二、投资项目财务评价指标

企业进行投资决策，需要采用一些专门的评价指标和方法对投资项目进行分析和评价。比较常用的财务评价指标包括净现值、内含报酬率和回收期，具体如表3-1所示。

表 3-1 投资项目财务评价指标

评价指标	内涵	公式	评价原理
净现值（NPV）	一个投资项目未来现金净流量现值与原始投资额现值之间的差额为净现值	净现值＝未来现金净流量现值－原始投资额现值	其他条件相同时，净现值越大，投资项目越好。净现值大于或等于零，说明项目的投资回报率高于或刚好达到所要求的报酬率，项目可行
年金净流量（ANCF）	投资项目期间内全部现金净流量总额（未来现金净流量与原始投资额的差额）的总现值或总终值折算为等额年金的平均现金净流量	年金净流量＝现金净流量总现值／年金现值系数 或 年金净流量＝现金净流量总终值／年金终值系数	比较两个以上期限不同的投资项目时，年金净流量越大，项目越好。年金净流量指标的结果大于零，说明每年平均的现金流入能抵补现金流出，投资项目的净现值或净终值大于零，报酬率大于预期报酬率，项目可行
现值指数（PVI）	投资项目的未来现金净流量现值与原始投资额现值之比	现值指数＝未来现金净流量现值／原始投资额现值	其他条件相同时，现值指数越大，投资项目越好。现值指数大于或等于1，说明项目的投资报酬率高于或等于预期报酬率，项目可行
内含报酬率（IRR）	对投资项目未来的每年现金净流量进行贴现，使所得现值恰好与原始投资额现值相等，从而使净现值等于零时的贴现率	未来每年现金净流量×年金现值系数－原始投资额现值	先计算净现值为零时（以预期投资回报率作为贴现率）的年金现值系数，再找出相应的贴现率，即为投资项目的内含报酬率。内含报酬率大于预期投资回报率，则项目可行
回收期（PP）	投资项目未来现金净流量等于原始投资额时所经历的时间为回收期	回收期（静态）＝原始投资额／每年现金净流量	其他条件相同时，投入资本收回的时间越短，即回收期越短，则投资项目越好

由表 3-1 可知，对投资项目进行财务评价时，现金流量是主要的分析对象，净现值、现值指数、内含报酬率、回收期等财务指标均以现金流量为基础。企业在进行投资决策时，投资项目的现金流量状况比盈亏状况更重要。所以，判断投资项目是否可行、有无经济上的效益，应重点关注项目能否带来正现金流量，即整个项目能否获得超过项目投资的现金回收。

三、项目投资方案决策方法

项目投资是指将资金直接投放于生产经营实体性资产已形成生产能力的投资，如购置设备、建造工厂等。项目投资方案一般分为独立投资方案和互斥投资方案两种。独立投资方案是指两个或两个以上项目互不依赖、可以同时并存；互斥投资方案是指方案之间相互排斥、不能并存。

企业可以运用财务评价指标，在各个项目投资方案中进行对比和择优选择，从而做出投资决策。项目投资方案不同，其适用的评价指标也不尽相同，具体如图 3-2 所示。

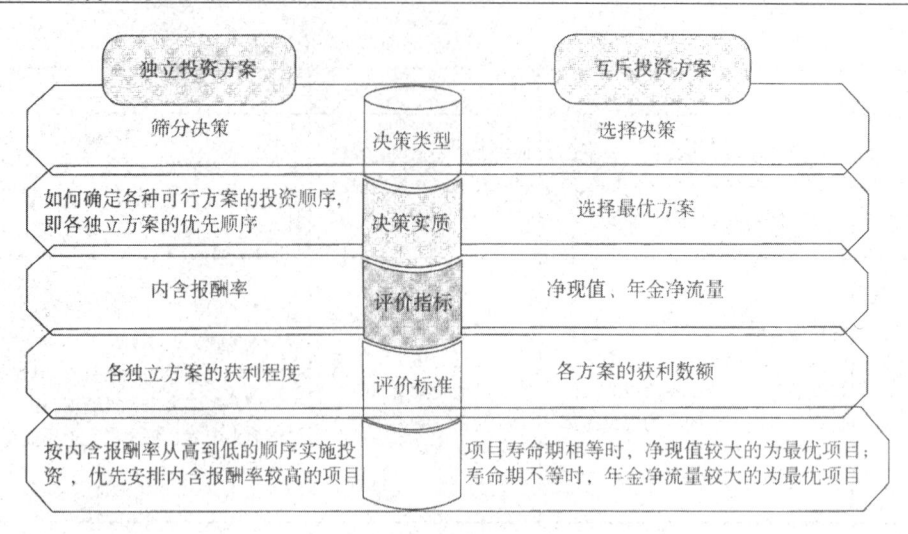

独立投资方案	决策类型	互斥投资方案
筛分决策	决策类型	选择决策
如何确定各种可行方案的投资顺序，即各独立方案的优先顺序	决策实质	选择最优方案
内含报酬率	评价指标	净现值、年金净流量
各独立方案的获利程度	评价标准	各方案的获利数额
按内含报酬率从高到低的顺序实施投资，优先安排内含报酬率较高的项目		项目寿命期相等时，净现值较大的为最优项目；寿命期不等时，年金净流量较大的为最优项目

图 3-2 项目投资方案决策方法

四、固定资产投资项目管理

固定资产反映了企业的生产经营能力，固定资产投资决策是项目投资决策的重要组成部分。所谓固定资产投资，是指建造和购置固定资产的经济活动，即固定资产再生产活动，主要包括固定资产更新（局部和全部更新）、改建、扩建、新建等。

固定资产投资项目管理一般包括图 3-3 所示的六个部分。

投资立项审批	项目计划管理	项目实施管理
投资项目验收	投资项目后评价	投资项目统计

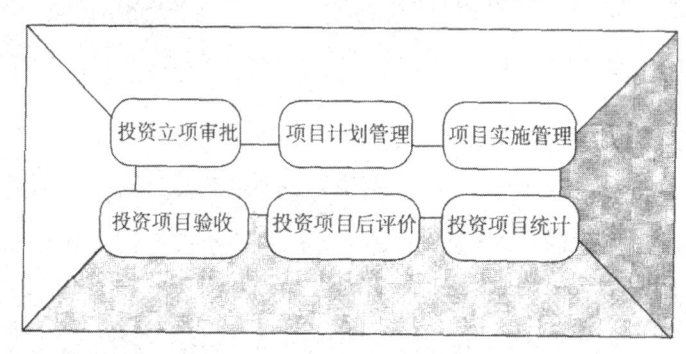

图 3-3 固定资产投资项目管理

1. 投资立项审批。投资立项审批包括编制项目建议书，开展项目可行性研究、环境影响评价及其他专项评估，履行相关审批手续等。

2. 项目计划管理。拟订和下达项目实施计划，与项目承担单位签订项目责任书。

3. 项目实施管理。项目承担单位按照批准的项目实施计划和具体实施方案实施项目，企业项目归口管理单位对项目实施过程进行跟踪、督促和协调，企业其他各单位密切配合项目实施工作。

4. 投资项目验收。投资项目验收包括项目财务验收、项目档案验收及项目整体竣工验收等。

5. 投资项目后评价。投资项目后评价主要包括项目全过程的回顾、项目绩效和影响评价、项目目标实现程度和持续能力评价、经验教训和对策建议。

6. 投资项目统计。投资项目统计主要包括投资项目基本情况统计、单项工程统计、项目投资完成情况统计、项目费用统计、项目资金来源情况统计等。

第三节　现代企业证券投资管理

一、证券投资概述

企业除了直接将资金投入生产经营活动，进行直接投资外，常常还将资金投放于有价证券，进行证券投资。证券投资相对于项目投资而言，变现能力强，少量资金也能参与投资，便于随时调用和转移资金，这为企业有效利用资金，充分挖掘资金的潜力提供了十分理想的途径，所以证券投资已经成为企业投资的重要组成部分。

（一）证券的概念及特点

证券是指具有一定票面金额，代表财产所有权和债权，可以有偿转让的凭证，如股票、债券等。

证券具有流动性、收益性和风险性三个特点。

流动性又称变现性，是指证券可以随时抛售取得现金。

收益性是指证券持有者凭借证券可以获得相应的报酬。证券收益一般由当前收益和资本利得构成。以股息、红利或利息所表示的收益称为当前收益。由证券价格上升（或下降）而产生的收益（或亏损），称为资本利得或差价收益。

风险性是指证券投资者达不到预期的收益或遭受各种损失的可能性。证券投资既有可能获得收益，也有可能带来损失，具有很强的不确定性。

流动性与收益性往往成反比，而风险性一般与收益性成正比。

（二）证券投资的概念和目的

证券投资是指企业为获取投资收益或特定经营目的而买卖有价证券的一种投资行为。不同企业进行证券投资的目的各有不同，但总的来说有以下几个方面。

1. 充分利用闲置资金，获取投资收益。企业正常经营过程中有时会有一些暂时多余的资金闲置，为了充分有效地利用这些资金，可购入一些有价证券，在价位较高时抛售，以获取较高的投资收益。

2. 为了控制相关企业，增强企业竞争能力。企业有时从经营战略上考虑需要控制某些相关企业，可通过购买该企业大量股票，从而取得对被投资企业的控制权，以增强企业的竞争能力。

3. 为了积累发展基金或偿债基金，满足未来的财务需求。企业若考虑在将来扩建厂房或归还到期债务，可按期拨出一定数额的资金投入一些风险较小的证券，以便到时售出，满足所需的整笔资金的需求。

4. 满足季节性经营对现金的需求。季节性经营的公司在某些月份资金有余，有些月份则会出现短缺，可在资金剩余时购入有价证券，短缺时则售出。

二、证券投资的种类

（一）证券的种类

1. 按证券体现的权益关系分类

证券按体现的权益关系可分为所有权证券、信托投资证券和债权证券。所有权证券是一种既不定期支付：利息，也无固定偿还期的证券，它代表着投资者在被投资企业所占权益的份额，在被投资企业盈利且宣布发放股利的情况下，才可能分享被投资企业的部分净收益，股票是典型的所有权证券。信托投资证券是由公众投资者共同筹集、委托专门的证券投资机构投资于各种证券，以获取收益的股份或收益凭证，如投资基金。债权证券是一种必须定期支付利息，并要按期偿还本金的有价证券，各种债券如国库券、企业债券、金融债券都是债权证券。所有权证券的投资风险要大于债权证券。投资基金的风险低于股票投资而高于债券投资。

2. 按证券的收益状况分类

证券按收益状况可分为固定收益证券和变动收益证券。固定收益证券是指在证券票面上规定有固定收益率，投资者可定期获得稳定收益的证券，如优先股股票、债券等。变动收益证券是指证券票面无固定收益率，其收益情况随企业经营状况而变动的证券。变动收益证券风险大，投资报酬也相对较高；固定收益证券风险低，投资报酬也相对较低。

3. 按证券发行主体分类

证券按发行主体可分为政府证券、金融证券和公司证券三种。政府证券是指中央或地方政府为筹集资金而发行的证券，如国库券等；金融证券是指银行或其他金融机构为筹集资金而发行的证券；公司证券又称企业证券，是工商企业发行的证券。

4. 按证券到期日的长短分类

证券按到期日的长短可分为短期证券和长期证券。短期证券是指一年内到期的有价证券，如银行承兑汇票、商业本票、短期融资券等。长期证券是指到期日在一年以上的有价证券，如股票、债券等。

（二）证券投资的分类

1. 债券投资

债券投资是指企业将资金投入各种债券，如国债、公司债和短期融资券等。相对于股票投资，债券投资一般风险较小，能获得稳定收益，但要注意投资对象的信用等级。

2. 股票投资

股票投资是指企业购买其他企业发行的股票作为投资，如普通股、优先股股票。股票投资风险较大，收益也相对较高。

3. 组合投资

组合投资是指企业将资金同时投放于债券、股票等多种证券，这样可分散证券投资风险。组合投资是企业证券投资的常用投资方式。

4. 基金投资

基金就是投资者的钱和其他许多人的钱合在一起，然后由基金公司的专家负责管理，用来投资于多家公司的股票或者债券。基金按受益凭证可否赎回分为封闭式基金与开放式基金。封闭式基金在信托契约期限未满时，不得向发行人要求赎回；而开放式就是投资者可以随时要求基金公司收购所买基金（赎回），当然目标应该是卖出价高于买入价，同时在赎回的时候，要承担一定的手续费。而投资者的收益主要来自基金分红。与封闭式基金普遍采取的年终分红有所不同，根据行情和基金收益状况的不定期分红是开放式基金的主流分红方式。基金投资由于由专家经营管理，风险相对较小，正越来越受广大投资者的青睐。

三、证券投资的一般程序

1. 合理选择投资对象。合理选择投资对象是证券投资成败的关键，企业应根据一定的投资原则，认真分析投资对象的收益水平和风险程度，以便合理选择投资对象，将风险降低到最限度，并取得较好的投资收益。

2. 委托买卖。由于投资者无法直接进场交易，买卖证券业务须委托证券商代理。企业可通过电话委托、计算机终端委托、递单委托等方式委托券商代为买卖有关证券。

3. 成交。证券买卖双方通过中介券商的场内交易员分别出价委托，若买卖双方的价位与数量合适，交易即可达成，这个过程叫成交。

4. 清算与交割。企业委托券商买入某种证券成功后，即应解交款项，收取证券。清算即指证券买卖双方结清价款的过程。交割指券商向企业交付证券而企业向券商支付价款的过程。

5. 办理证券过户。证券过户只限于记名证券的买卖业务。当企业委托买卖某种记名证券成功后，必须办理证券持有人的姓名变更手续。

四、证券投资的风险与收益率

（一）证券投资的风险

1. 违约风险

债券等债券要按照时间期限还本付息。任何事物的发展都是难以预测的，假如债券发行人由于自身财务困难、经营不善、决策失误等改变了其支付能力，到期不能还本付息，就会产生违约风险，这种违约行为一般情况下不是出于债务企业的主观意愿。不同类型的债券其风险程度有很大的区别，同样是政府债券，中央政府公债没有违约风险，而地方政府和企业发行的债券或多或少有违约风险。因此，投资者购买债券时，应参照证券评估机构的信用评价，并对发行人的偿债能力进行分析，以避免违约风险。

2. 利率风险

利率对金融市场具有很大的影响，当市场利率不稳定时，会引起债券或者股票价格的浮动，可能会涨也可能会跌。通常利率的升降对债券价格涨跌具有反作用，期限越长的债券利率风险越大，即使国库券也会有利率风险。因此，在进行证券投资时，企业有必要对市场和利率进行深入的了解和分析，以降低投资风险，保障投资利益。

3. 购买力风险

这里的购买力是指货币的购买力，在经济发展的过程中由于通货膨胀造成的货币购买力下降会直接影响到债券到期或出售获得的实际货币收益。一般情况下，在通货膨胀时期，债券到期日越长，购买力风险越大；固定利率证券受到的影响则小。

4. 流动性风险

流动性是指投资者想将债券变现时，债券不能立即出售的风险。具有较强流动性的证券可以在较短时间内按市价大量出售，这就大大减小了证券投资的风险性。在所有债券中国库券具有最高的信誉度和流通性，可以立即以合理价转让，流动性风险小。公司债券所具有的信誉度不够，具有很大的流动性风险，很难得到人们的认可。

5. 再投资风险

再投资风险是指购买债券时决策不当而丧失的投资收益。购买短期债券，而没有购买长期债券，会有再投资风险。一般而言，由于利率风险的影响，长期利率会高于短期利率。但是，当再投资风险大于利率风险时，预期市场利率将持续下降，人们会热衷于寻求长期投资机会，可能出现短期利率高于长期利率的现象。

6. 汇率风险

汇率风险主要存在于跨币种投资，具体是指由于外汇汇率的变动而给外币债券的投资者带来的风险。外汇投资面临着最直接的汇率风险，当投资者购买了某种外币债券时，本国货币与该外币的汇率变动会使投资者难以确定未来收益。

（二）证券投资收益与收益率

从投资人的角度看，投资者的收益是由于让渡一定资产使用权所获得的报酬。证券投资收益包括证券交易现价与原价的价差以及定期的股利或利息收益。收益的高低是影响证券投资的主要因素。证券投资的收益有绝对数和相对数两种表示方法，在财务管理中通常用相对数，即收益率来表示。计算公式为：

$$R=(A_1-A_2+P)\div A_2\times 100\%$$

式中：A_2——证券购买价格；

A_1——证券出售价格；

P——证券投资所得的股利或利息；

R——证券投资报酬率。

五、证券投资组合

（一）证券投资组合的概念及目的

证券投资组合又称证券组合，是指在进行证券投资时，不是将所有的资金都投向单一的某种证券，而是有选择地投向一组证券。这种同时投资多种证券的做法便称为证券的投资组合。

证券投资的盈利性吸引了众多的投资者，同时，证券投资的风险性又使许多投资者望而却步。通过有效地进行证券投资组合，便可削减证券风险，达到降低风险的目的。企业的证券投资始终围绕着提高投资收益并降低投资风险来组织运作。证券投资的规律证明，降低证券投资风险的有效途径就是证券投资组合，即将资金分散投资于各种不同的证券，从而达到分散风险、降低风险、稳定投资收益的目的。

（二）证券投资组合的策略

在证券投资组合理论的发展过程中，形成了不同的组合策略，最常见的有以下几种。

1. 保守策略

这种策略认为，最佳证券投资组合策略是要尽量模拟市场现状，将尽可能多的证券包括进来，以便分散掉全部非系统风险，得到与市场所有证券的平均收益同样的收益。1976年，美国先锋基金公司创造的指数信托基金，便是这一策略的最典型代表。这种投资组合有以下好处：①能分散掉全部可分散的风险；②不需要高深的证券投资的专业知识；③证券投资的管理费比较低。但这种组合获得的收益不会高于证券市场上所有证券的平均收益。因此，此种策略属于收益不高、风险不大的策略，故称之为保守型策略。

2. 冒险型策略

这种策略认为，与市场完全一样的组合不是最佳组合，只要投资组合做得好，就能击败市场或超越市场，取得远远高于平均水平的收益。在这种组合中，成长型的股票比较多，而那些低风险、低收益的证券不多。另外，其组合的随意性强，变动频繁。采用这种策略的投资者都认为，收益就在眼前，何必死守苦等。这种策略收益高，风险大，因此称之为冒险型策略。

3. 适中型策略

这种策略认为，证券的价格，特别是股票的价格，是由特定企业的经营业绩决定的。市场上股票价格的一时沉浮并不重要，只要企业经营业绩好，股票一定会升到其本来的价值水平。采取这种策略的人，一般都善于对证券进行分析，如行业分析、企业业绩分析、财务分析等，通过分析，进行组合投资可获得较高的收益，而又不会承担太大风险。进行这种组合的投资者必须具备丰富的投资经验，拥有进行证券投资的各种专业知识。这种投资策略风险不太大，收益却比较高，所以是一种最常见的投资组合策略。各种金融机构、投资基金和企事业单位在进行证券投资时一般都采用此种策略。

（三）证券投资组合的方法

证券投资组合的方法很多，但最常见的方法有以下几种。

1.选择足够数量的证券进行组合

这是一种最简单的证券组合方法。在采用这种方法时，不是进行有目的的组合，而是随机选择证券。随着证券数量的增加，可分散风险会逐步减少，当数量足够多时，大部分可分散风险都能分散掉。投资专家们估计，在美国纽约证券市场上，随机地购买40只股票，其大多数非系统性风险都能分散掉。

2.把风险大、风险中等、风险小的证券放在一起进行组合

这种组合方法又称1/3法，是指把全部资金的1/3投资于风险大的证券；1/3投资于风险中等的证券；1/3投资于风险小的证券。一般而言，风险大的证券对经济形势的变化比较敏感，当经济处于繁荣时期，风险大的证券获得高额收益，但当经济衰退时，风险大的证券却会遭受巨额损失；相反，风险小的证券对经济形势的变化则不十分敏感，一般都能获得稳定收益，而不致遭受损失。因此，这种1/3的投资组合法，是一种进可攻、退可守的组合法，虽不会获得太高的收益，但也不会承担太大的风险，是一种常见的组合方法。

3.把投资收益呈负相关的证券放在一起进行组合

把收益呈负相关的股票组合在一起，能有效地分散风险。例如，某企业同时持有两家汽车制造公司的股票和一家石油公司的股票，这两种股票便呈负相关。当石油价格大幅度上升时，因为油价上涨，石油公司的收益会增加，但油价的上升，会影响汽车的销售，使汽车公司的收益降低。只要选择得当，这样的组合对降低风险有十分重要的意义。

第四节　现代企业投资风险与防范控制

企业投资包括对内投资和对外投资。企业对内投资主要是固定资产投资。在固定资产投资决策过程中，很多企业对投资项目的可行性缺乏周密系统的分析，加之决策所依据的经济信息不全面、不真实等原因，使投资决策的失误频繁发生，投资项目不能获得预期收益，投资无法按期收回，给企业带来了巨大的财务风险。在对外投资上，很多企业的投资决策者对投资风险的认识不足，盲目投资，导致企业投资损失巨大、财务风险不断。因此，投资风险管理对企业而言非常重要。

一、投资风险概述

投资风险是指企业投资过程中，在各种不可预计或不可控因素的影响下，导致投资不能实现预期目标的可能性。

1. 按照分散程度的不同，投资风险分为可分散风险和不可分散风险。

2. 按照投资对象的不同，投资风险可分为金融投资风险和实业资本投资风险。金融投资风险是指影响企业金融投资收益实现的风险，主要体现在企业以金融商品为载体的前提下，在投资过程中投资项目不能达到预期收益。实业资本投资风险是指与实业资本投资经营活动相关的风险，主要是针对企业内部生产经营有关的投资和对外的合营、合作等实业资本投资过程中可能产生的风险。这种风险可解释为项目投资达不到预期收益的可能性。

二、投资风险的识别

企业在投资过程中，要对风险因素进行甄别，确定各种可能存在的系统性风险和非系统性风险，密切关注投资各个阶段更替过程中的风险变换，提高对风险客观性和预见性的认识，掌握风险管理的主动权。企业投资风险的产生一般有三种原因：一是产业结构风险、投资决策风险、投资执行风险、投资后经营过程中的风险等所表现出来的投资过程的非科学性；二是金融投资组合的非分散化引起的风险与报酬的不匹配；三是金融投资与实业资本投资的相互影响以及企业对投资项目的理解和把握不到位等。其中，投资过程的非科学性最常导致企业的投资活动出现风险。因此，企业应着重注意在产业结构、投资决策、投资执行、投资后经营过程中保持理性，采用科学的防范措施积极进行风险管理，这样才能将企业的投资风险降至最低。

三、投资风险的评估

对已经识别出来的风险要进行严格的测度，估计风险发生的可能性和可能造成的损失，并做出系统风险评估，切实把握投资的风险程度。

（一）分析评价投资环境

投资主体的投资活动都是在政治、经济、政策、地理、技术等投资环境中进行的。变化莫测的投资环境，既可以给投资主体带来一定的投资机会，也可以给投资主体造成一定的投资威胁。而投资机会和投资威胁作为一对矛盾，往往同时出现又同时消失，而且在一定条件下，威胁可能变成机会，机会也可能变成威胁。因此，投资主体在投资活动中必须对投资环境进行认真调查与分析，及时发现和捕捉各种有利的投资机会，尽可能地防范投资风险。

（二）科学预测投资风险

投资作为一项长期的经济行为，要求投资主体在投资之前应该对可能出现的投资风险进行科学预测，分析可能出现的投资风险产生的原因及其后果，并针对可能出现的投资风险及引起风险的原因制定各种防范措施，尽可能地避免投资风险，减少损失，防患于未然。

（三）进行可行性分析，使投资决策科学化

投资决策是制订投资计划和实施投资活动、实现投资正常运行的基础和关键，必须使投资决策科学化。投资决策科学化的关键环节是利用先进的分析手段和科学的预测方法，从技术上和经济上对投资项目进行可行性研究和论证，通过对各种投资机会和方案进行论证，以求获得最佳收益的投资方案，并防范投资风险。

（四）分析投资收益和风险的关系

在市场经济条件下，投资主体的任何投资都免不了会遭受一定的风险。从收益与风险的关系看，投资主体欲获得的投资收益越多，所承担的风险也就越大；而风险越大，获得收益的难度也越大。因此，投资主体在投资中，要认真研究收益与风险的关系，正确衡量自己承担风险的能力，在适当的风险水平上谨慎、稳健地选择投资对象，力求尽可能避免或降低投资风险。

（五）分析评价投资机会的选择

投资主体在对投资环境进行调查和分析的过程中，往往会发现许多投资机会，但各种投资机会的实现都要以一定数量的资金为保证。因此，投资主体在投资过程中，既要考虑投资机会，也要考虑自己的资金实力，量力而行。

（六）分析评价投资风险的结果

投资风险经过分析评价之后，会出现两种情况：一种情况是投资的风险超出了可接受的水平；另一种情况是投资整体风险在可以接受的范围之内。

在第一种情况下，投资主体有两个选择：当项目整体风险大大超过评价基准时，应该立即停止、取消该项目；当项目整体风险超过评价基准不是很多的时候，应该采取挽救措施。在第二种情况下，没有必要更改原有的项目计划，只需要对已经识别出来的风险进行监控，并通过深入调查来寻找没有识别出来的风险即可。对于已经存在的风险要进行严格检查，必要时应采取相应的规避措施，防范风险。

四、投资风险的控制

（一）构建投资风险预警系统

企业投资风险预警是指以收集到的企业相关信息为基础，对企业可能因此出现的风险

因素进行分析，采用定性和定量相结合的方法来发现企业投资过程中可能出现的潜在风险，并发出警示信号，以达到对企业投资活动风险预控的目的。

企业投资风险预警系统可以反映企业投资运营的状况，它具有监测、信息收集和控制危机几大方面的功能。企业投资风险预警主要是由警源分析和警兆辨识两部分组成。一个企业要想取得投资的成功，必须将一些关键因素控制在一定的范围内。原因在于如果这些因素发生异常波动，很可能会导致企业投资总体上的失败。

根据企业的不同，导致风险形成的关键因素也有所不同。企业应结合预警对象的特征及变化规律进行监测，以准确界定企业投资风险的警源所在。不同企业所侧重的关键因素差别很大。企业在实际操作过程中，应参照警源分类，并结合预警对象的特征与变化规律来监测预警对象，只有这样才能准确找出企业警源所在。对任何一个企业而言，在投资风险发生前都会有先兆，如某些指标会提前出现异常波动。企业建立投资预警系统的目的就是要根据一定的先兆，及时、准确地捕捉这些异常。

防范企业投资风险最有效的方法就是构建投资风险预警系统。企业构建投资风险预警系统主要包括两方面的内容，即定性分析和警兆的定量分析。企业投资风险预警指标的确定应遵循六大原则：可行性、时效性、稳定性、灵敏性、重要性和超前性。结合企业实际情况，可以把企业投资风险预警指标体系划分为项目未来的发展能力、项目的安全性、项目的盈利能力、项目的运营效率和项目的投资结构五大部分。企业投资风险预警值的确定方法主要有比照经验法和行业平均法两种。比照经验法主要是依据以往的经验来确定预警值，企业也可以根据自身实际情况对投资项目的预警值进行调整；行业平均法则是以企业投资项目参照其所属行业的平均值，运用参数估计与假设检验等方法计算出预警值的置信区间。

（二）分阶段进行投资风险管理

企业投资过程包括确定投资准备、投资实施和生产经营三个阶段。不同阶段的投资活动各有特点，各阶段风险管理的内容也有所区别。

在投资准备阶段，还没有进行实质性投资，主要是投资项目可行性研究。该阶段风险管理的内容是保证投资决策的信息充分、计算方法科学、财务收益测算可靠，对未来可能的风险进行正确的估计，并策划相应地减少、回避和转移风险的措施，制订紧急情况下的应变计划。

在投资实施阶段，主要是通过投资费用的支付进行投资建设，完成投资规划所规定的全部建设内容，并交付生产使用。该阶段风险管理的内容是预防建设损失，控制投资总额，保证工程质量；合理确定机器设备和建设材料的采购计划，节约使用材料消耗；实行严密的质量检验和验收制度，建立完整的原始记录等。

在投资后生产经营阶段，投资活动已经结束，进入了正常的生产经营阶段。该阶段风险管理的内容主要是确保投资收益的实现，保持企业现有资产和持续获利的能力，实施风险保险，对可能发生的经营风险和财务风险等采取必要的防范措施加以控制。

（三）采用多种投资风险管理方法

投资风险管理的方法很多，比较常用的方法主要有以下几种。

1. 盈亏平衡分析法

它研究盈亏平衡时各有关经济变量之间的关系，就销售量变化对投资收益的影响进行分析，以确定项目不亏损所需要的最低销售量。通过盈亏平衡分析，企业可以了解市场需求对企业盈利状况的影响。如果预计市场需求量大于盈亏平衡点，说明企业投资比较安全；如果预计需求量接近盈亏平衡点，那么企业在投资决策时必须慎重，以防止预计失误给企业带来的不利后果。

2. 组织结构图分析法

它适合企业的风险识别，特点是能够反映企业关键任务对企业投资项目的影响。组织结构图主要包括以下内容：企业活动的性质和规模；企业内各部门之间的内在联系和相互依赖程度；企业内部可以分成的独立核算单位，这是对风险做出财务处理决策时所必须考虑的；企业关键人物；企业存在的可能使风险状况恶化的任何弱点。

3. 流程图分析法

流程图能生动、连续地反映一项经济活动的过程，其作用在于找出经济活动的重要部分，即该部分的损失可能导致整个经济活动失败的瓶颈。但流程图分析的局限是只能揭示风险是否存在，不能给出损失的概率和损失的大小。

4. 核对表法

企业在生产经营过程中往往受到很多因素的影响，在做投资和管理决策时，可将企业经历的风险及其形成的因素罗列出来，形成核对表。管理人员在进行决策时，看了核对表就会注意到所要进行的投资项目以及可能具有的风险，从而采取相应的措施。核对表可以包括很多内容，例如，以前项目成功和失败的原因、项目产品和服务说明书、项目的资金筹集状况、项目进行时的宏观和微观环境等。

5. 经验调查和判断法

企业可以通过主观调查和判断来了解企业可能面临的风险。例如，通过市场调查收集信息，包括国家的产业政策、企业投资地区的经济状况、人口增长率等。通过德尔菲法反复征求专家的意见，以取得对风险识别的共识。通过专家会议法，要求风险专家召开会议，对企业投资的各种风险进行识别，这种方法适用于衡量投资市场中潜在损失可能发生的程度。

6. 决策树分析

它是一种用图表方式反映投资项目现金流量序列的方法，特别适用于在项目周期内进行多次决策（如追加投资或放弃投资）的情况。

7. 敏感性分析法

它是研究在投资项目的生命周期内，当影响投资的因素（如投资期限、市场利率、宏观经济环境等）发生变化时，投资的现金净流量、内部收益率是如何变化的，以及各个因素对投资的现金净流量、内部收益率等有什么影响，从而使管理人员了解对企业投资影响比较大的因素，识别并控制风险隐患，降低企业的风险。

8. 动态风险监视方法

风险监视技术分为用于监视与产品有关风险的方法和用于监视过程风险的方法。审核检查法和费用偏差分析法属于过程风险监视方法。

第四章 现代企业营运资金管理与风险防范控制

第一节 现代企业营运资金概述

一、营运资金的定义

营运资金又叫作营运资本,可以从广义和狭义两方面来理解它的定义。广义的营运资金又叫作总营运资本,指的是一个企业在流动资产上投放的资金,主要包括有价证券、现金、应收账款、存货等占用的资金。狭义的营运资金又叫作营运资金净额,指的是在一定时期内企业的流动资产与流动负债之间产生的差额。在企业实际的财务管理中,企业的营运资金用得最多的是它狭义的定义,因此,对营运资金的管理既包括流动资产的管理,又包括流动负债的管理。

企业的流动资产指的是,可以在一年内或超过一年的一个营业周期内变现或运用的资产。流动资产具有占用时间短、周转快、易变现等特点。企业拥有的流动资产越多,产生财务风险的概率就越小。流动资产在资产负债表上主要包括货币资金、应收票据、应收账款、预付账款、短期投资和存货。流动负债是指,需要在一年或者超过一年的一个营业周期内偿还的债务。流动负债又叫作短期融资,具有成本低、偿还期短的特点。企业对待流动负债管理得都很严格,否则企业将承受较大的财务风险。流动负债主要包括短期借款、应付票据、应付账款、应付职工薪酬和应付的各种税费等。企业为了能够正常地生产经营,必须在财务上保证相对数量的营运资金,用于偿付各种到期的债务和支付当期的各类费用。企业的流动资产越多,短期偿债能力就越强,发生财务危机的风险也就越低。但是,如果企业的资金过多地被占用在流动资产项目上,就会造成一定程度的资金浪费,降低企业的资产收益。因此,企业一定要制定科学合理的营运资金管理政策,始终使企业的营运资金保持在一个合理的状态,这对提高企业股东的价值具有十分重大的意义。[1]

---

[1] 杜勇,鄢波.企业财务管理[M].重庆:西南师范大学出版社,2011:169.

二、营运资金的特征

（一）营运资金来源具有多样性

企业的营运资金同长期资金相比较，具有更大的灵活多样性。企业营运资金的需求问题既可通过长期筹资方式解决，也可通过短期筹资方式解决。短期筹资方式主要包括商业信用、票据贴现、银行短期借款等。

（二）营运资金的数量具有波动性

企业的流动资产或流动负债很容易受内外环境的影响，因此，资金的数量具有很大的波动性。

（三）营运资金具有易变现性

企业的应收账款、短期投资和存货等流动资产具有很强的变现能力，当企业的运营出现意外状况或是出现资金周转不灵、现金短缺时，就可以迅速变卖这些流动资产，以获取一定的现金，帮助企业度过短期的困难。营运资金的易变现性对企业应付临时性的资金需求具有重要的作用。

（四）营运资金周转具有短期性

企业在流动资产上所占用的资金，周转一次所需要的时间较短，通常会在一年或一个营业周期内就能收回，对企业影响的时间较短，根据营运资金这个特点，企业的短期筹资方式就可以通过商业信用和银行短期借款等进行解决。

三、营运资金的管理目标

企业有效的营运资金管理是其从事理财活动的基础。由于营运资金在企业资金总额中占有很大的比重，并跟随企业的内部条件和外部市场环境的变化而处于运营过程中，因此，对营运资金管理的优劣将直接影响到企业的整个资本运作。企业进行有效的营运资金管理，应注重实现以下管理目标：

（一）实现价值最大化

企业拥有的营运资金同拥有其他资金的目的都只有一个，那就是使其为企业创造出最大化的价值。为了实现这个目标，企业应合理制定现金的维持量，保持良好的库存结构，稳妥地进行证券投资，加快应收账款的回收，消除不需要的流动负债，使企业的整个营运资金都能够按照预定的意图顺利运营，使企业获得更多的价值。

（二）充分的流动性

当企业没有足够的资金来偿还到期的债务时，企业的正常生产和经营活动就肯定会受到很大的影响。因此，企业对营运资金管理的一个重要目标就是要保持营运资金具有充分的流动性，以确保日常生产经营活动的需要。实际上，企业营运资金流动性的高低在很大程度上取决于对流动资产和流动负债的控制能力。

（三）最小的风险性

企业营运资金自身的特点决定了企业的资金管理具有一定的风险性。在市场经济发展竞争愈加激烈的情况下，企业遭遇的风险会呈现多样化且不可避免的状况，但是企业可以提前做好一些防范措施来有效地预防多种风险的出现。因此，企业在选择融资渠道时，要注重认真分析其资金结构和风险分布，尽量保持流动资产与流动负债之间的平衡，加强对流动比率、速动比率等财务指标的监控，从而有效降低企业因债务到期而不能偿还的风险。

四、营运资金管理的基本要求

企业营运资金的管理，实际上就是对企业流动资产和流动负债的管理。管理既要保证企业的生产经营拥有足够的资金支持，还要保证企业有按时按量偿还各种到期债务的能力。对企业营运资金管理的基本要求主要包括以下三点。

（一）合理确定流动资金的来源构成

企业应选择合适的筹资渠道及方式，力求以最小的代价来获取最大的经济利益，要使企业的筹资与日后的偿债能力等进行合理的配合。

（二）加快资金周转速度，提高资金效益

当企业的经营规模发展到一定程度时，流动资产周转的速度与流动资金需要量就会呈现向反方向发展的状况。因此，企业应加强内部责任管理，缩短应收账款的收款周期，延长应付账款的付款周期，适度加速存货的周转，从而提高企业的资金效益。

（三）合理确定并控制流动资金的需求数量

企业流动资金的需要量主要取决于生产经营的规模和流动资金的周转速度，同时还受到市场及企业供、产、销等多种情况的影响。企业应综合考虑各种影响因素，确定合理的流动资金的需求数量，既要满足企业经营的需求，又不能因预留的过量而产生资金浪费的现象。因此，企业在平时的生产运营中，也应注意控制流动资金的占用情况，并将其纳入计划预算的控制范围之内。

第二节 现代企业现金与存货管理

一、现金管理

（一）企业持有现金的目的

现金是可以立即进行流通的交易媒介，具有普遍接受性。企业可以用现金作为支付手段用来购买商品、货物，偿付劳务、债务或股利等，是企业流动性最强的资产。现金有广义和狭义之分，广义上的现金指的是企业的库存现金、银行存款、银行本票及银行汇票等其他货币资金。狭义上的现金主要指企业的库存现金。

现金是企业收益率最低的一项资产，因此，企业应尽量避免持有太多的现金，但出于日常生产经营的需要，企业必须存有一定数量的现金以备不时之需。企业持有现金的目的主要包括三方面。

1. 有效预防

企业持有现金的预防目的主要指的是，利用这些现金来应付意外事件对货币资金的需要。企业在生产经营过程中难免会出现一些意想不到的开支，如自然灾害、顾客拖欠货款等。企业现金流量的不确定性越大，对预防性现金的需要数量就会越大；企业现金流量的可预测性越强，企业预防性现金的数量就会相应地减少。除此之外，企业预防性现金的数量还受到企业再筹资能力的影响。即企业越容易筹集到所需资金，临时筹资能力就越强，企业的预防性现金就会减少；反之，则会相应地增加预防性现金的数量。

2. 进行交易

企业持有现金的交易目的指的是，企业为满足日常基本业务需要而持有的现金。企业在日常经营中，需要用现金来支付工资，购买材料、设备，交纳税金，偿付债务本息、股利等。如果企业每天的货币资金收支能达到平衡的状态，企业就不需要持有过多现金。但是在企业实际的生产经营过程中，每天货币资金的收支很难达到收支等额地发生。因此，企业就需要预留一定的现金使企业在货币资金支出大于货币收入时，能够及时补充现金，不至于中断业务。企业交易支出所需的货币资金数量主要取决于其销售水平。在一般情况下，如果企业的销售扩大，那么现金的数量也会相应地增加；反之，则相应减少。一般说来，企业在正常营业活动中所产生的货币资金收入和支出与它们的差额之间呈正比例变化。

3. 投机性

企业持有现金的投机性目的指的是，企业为抓住各种转瞬即逝的市场机会来获得更多的收益。例如，企业会在预期证券市价大幅度跌落时买入，希望在价格反弹时获得更多的收益，或是伺机购买质优价廉的原材料及其他资产，降低企业的成本投入。在正常情况下，企业专门为投机性而预留大量现金的情况并不多见，因为如果企业真的遇到难得的投资机会时，可以迅速设法筹集临时性资金来满足投资的需要。除此之外，如果企业因对将来无法预期的投资机会而预留大量的现金，企业就会承担较大的机会成本，这也是确定投机性现金需要量的重要影响因素。

（二）持有现金的成本

企业持有现金的成本又叫作现金的持有成本，包括管理成本、投资成本、转换成本和短缺成本。

1. 管理成本

现金的管理成本指的是，企业为保持一定的现金余额而增加的相关费用，如管理人员的工资、安全设施费等费用。管理成本具有固定成本的性质，它与企业现金的持有量没有明显的直接关系。

2. 投资成本

现金的投资成本指的是，企业因为交易等需要所保留的货币资产而丧失的投资机会可能获得的收益。这种丧失的投资收益是持有现金的机会成本。这种成本通常是以有价证券的利率来衡量的，有价证券的报酬越高，现金的机会成本就越大。现金的投资成本与其持有量呈正比例变化。因此，持有成本要求减少现金持有量。[1] 现金持有成本的计算公式为：

$$持有成本 = 现金持有量 \times 有价证券报酬率$$

---

[1] 李菊荣，梅晓文. 财务管理 [M]. 北京：北京航空航天大学出版社，2012：190.

3. 转换成本

转换成本指的是，企业出售或购入有价证券时需要支付的固定性交易费用，如证券过户费、实物交割手续费、委托买卖佣金、委托手续费等。转换成本的计算公式为：

$$现金转换成本 = 证券转变现金次数 \times 证券每次转换费用$$

从以上公式中，我们可以看出，转换成本与转换次数成正比例关系，持有现金越少，转换次数越多，转换成本就越大；持有现金余额越高，转换次数越少，它所负担的转换成本就越少。现金的持有成本与现金持有量的大小分别呈不同方向的变化，实行现金持有成本最小的管理就是寻求在各成本之和最小时的现金持有量，即最佳现金持有量。[①]

4. 短缺成本

短缺成本指的是，企业因缺乏必要的现金，而无法支撑日常生产经营的支付费用而可能受到的损失。在企业的生产经营中，现金短缺成本有时会经常发生，如企业因现金不足无法在折扣期内支付销货方货款而丧失的折扣好处；企业因缺乏现金而无法及时购买原材料，会造成生产终端的停工损失；企业因没有现金按期偿还债务会造成信用损失等。企业现金的短缺成本会随现金持有量的减少而上升，随现金持有量的增加而下降。

（三）最佳现金持有量的确定方法

最佳现金持有量又被称为最佳现金额，是指能够保证企业从事正常生产经营的最低限度需要的现金和银行存款数额，它是控制现金合理持有量的标准尺度。企业确定最佳现金持有量的方式主要有两种：一种是成本分析法，另一种是存货决策模式法。

1. 成本分析法

成本分析法指的是，根据企业持有现金成本之和的最小值来预测其现金需要量的一种方法。一般情况下，成本分析法只考虑现金的投资成本、管理成本和短缺成本，而不考虑现金的转换成本。如果把机会成本、管理成本和短缺成本分别放在同一个坐标图上能找到总成本之和的最低点，该点对应的现金量就是最佳现金持有量（图4-1）。

2. 存货决策模式法

存货决策模式法是由美国经济学家威廉·鲍莫（William Baumol）借助存货经济批量模型而建立起来的，并由此而得名，也称鲍莫模型。在这个模型中，将能使现金管理的机会成本与固定性转换成本之和保持最低的现金持有量，叫作最佳现金持有量。这个模型的存在和使用必须具有一定的条件，如企业在一定期间内的现金流入与现金流出的速度是稳定的，并且是可以预测的，每次将有价证券变现为可支付现金的交易成本（每次证券变现所花的手续费、经纪费等）是已经知道的，并且短期有价证券的利率或报酬率也是已经知

[①] 李菊荣，梅晓文. 财务管理 [M]. 北京：北京航空航天大学出版社，2012：190.

道的。

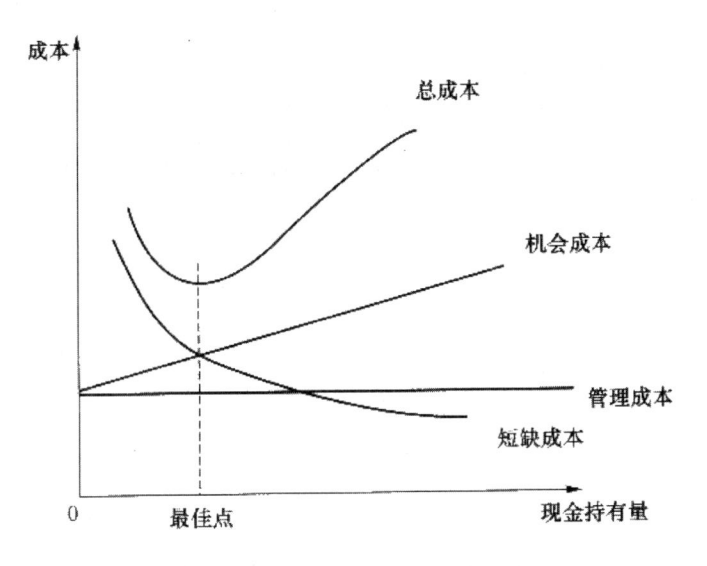

图 4-1 成本分析模式图

持有现金总成本的计算公式为：

$$总成本 = 转换成本 + 机会成本$$

假设 T 为某一时期内的现金总需求量，Q 为最佳现金持有量（每次证券变现的数量），F 为每次转换有价证券的固定成本，K 为有价证券利息率（机会成本），TC 为现金管理相关总成本，则持有现金总成本可表示为：

$$TC = (Q/2)K + (T/Q)F$$

现金管理相关总成本与持有机会成本、固定性转换成本的关系如图 4-2 所示：

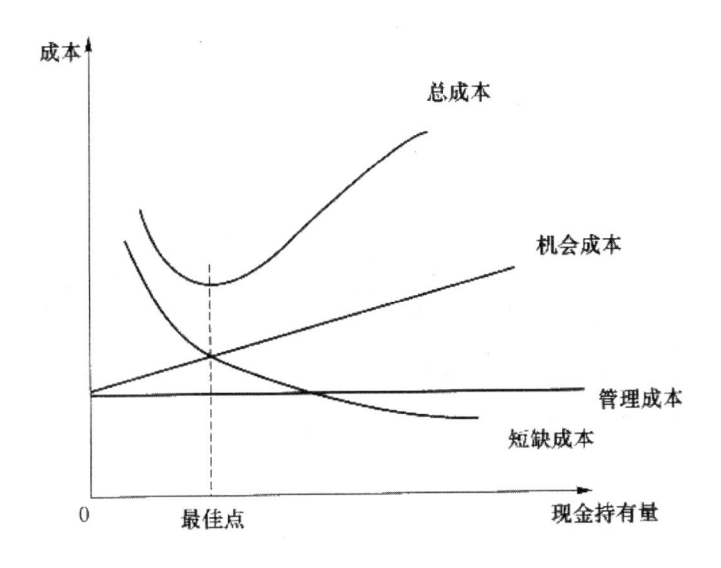

图 4-2 存货决策模式图

（四）现金的日常管理

1. 提高收款速度

提高企业的收款速度指的是，尽可能缩短从客户汇款或开出支票到企业收到客户汇款或将其支票汇兑的过程。目前，在国外的很多企业都普遍采用集中银行法和邮政信箱法，这对我国企业的理财有很高的借鉴价值。

（1）集中银行法

集中银行法是指根据客户地理位置的分布情况以及收款金额的大小，设立多个收款中心，以代替通常在公司总部设立的单一收款中心的做法。

具体操作方法是，企业销售商品时由各地分设的收款中心开出账单，当地客户收到销售企业的账单后，直接汇款或邮寄支票给当地的收款中心，中心收款之后，立即存入当地银行或委托当地银行办理支票兑换；当地银行在进行票据交换处理后，立即转给企业总部所在地的银行。

使用集中银行法的好处是：其一，缩短了支票兑换所需的时间；其二，缩短了账单和支票的往返邮寄时间。但是，这种方法也有其不足之处：第一，银行提供该种特殊业务收取的额外费用较高，企业在选择该项服务时，应首先进行必要的可行性研究，以权衡利弊得失；第二，各收款中心在当地银行开设的账户需要保持一定的补偿性余额，企业设立的收款中心越多，这部分补偿性余额的机会成本就越大。

（2）邮政信箱法

邮政信箱法又称为锁箱系统，是指企业在各主要城市租用专门的邮政信箱，并开立分行存款户，授权当地的银行每日开启信箱，在取得客户支票后立即进行结算，并通过电汇的方式再将货款拨给企业所在地的开户银行。

在邮政信箱法中，客户是将支票直接寄给客户所在地的邮箱而不是企业总部，这就缩短了支票的邮寄时间。还免除了公司办理收账、将收款存入银行等手续，因此缩短了支票邮寄以及在企业的停留时间，但采取这种方法耗费的成本较高，企业在选取这种方法时，需要权衡收益和成本的关系。如果加速收款所付出的代价小于提前收回现金产生的收益，就要坚决实行该方法；但是如果代价大于收益，企业就应该考虑使用其他的收款方法。

2. 控制现金支出

企业中控制现金支出指的是，对支付现金时间上的利用，以尽可能延缓现金的付出时间，提高现金的利用效果。

（1）延缓应付账款的支付

企业在不影响自身信誉的前提下，可以适当推迟应付款的支付期，充分利用供货方所提供的信用优惠，使企业增加可利用的现金数额。如果对方给予了现金折扣，企业就要尽量争取在折扣规定期的最后一天完成付款，这样既能享受到现金折扣的好处，还能最大限度地延长付款时间。除此之外，企业还可以利用汇票的结算方式来延缓现金支出的时间。因为汇票必须经购货单位做出承兑后才能付现，所以，实际上企业的付款时间是晚于开出汇票的时间的。

（2）使用现金浮游量

现金浮游量指的是，企业从银行存款户上开出的支票总额超过其银行存款账户的余额。一般情况下，从企业开出支票并送出后，收款人收到支票并将其送交银行直至银行办理完款项的划转，通常需要一定的时间。因此，"浮游量"实际上就是企业与银行双方出账与入账的时间差造成的，在这段时间里，虽然企业已经开出了支票，但是由于收款方还没有办理入帐手续，因此，企业仍可以动用银行存款账上的这笔资金，以达到充分利用现金的目的。如果企业的现金"浮游量"使用不当，或是使用过度，就会给企业带来一定的损失，影响企业与供应商之间的友好合作关系，对企业产生不利影响，还容易由于企业银行账户的透支而要支付给银行高额的利息。

3. 完善现金收支的内部管理制度

现金具有很强的流动性，容易发生弊端和差错，因此，企业需要建立严格的管理制度和办法，确保现金的安全。

（1）建立和健全严密的内部牵制制度

企业现金的日常管理要做到钱账和章证实行分管，从而确保货币资产的安全和完整。企业财务制度明确规定了，出纳人员负责办理现金出纳和银行存款的业务应责任明确，确定管钱的不管账，使出纳人员和其他会计人员形成互相牵制的形式。对企业中任何形式的现金收支，都应坚持复核制度，以弥补财务漏洞。规模较大的或是有条件的企业，还可以采取定期换岗制度，调换出纳人员时，要办理必要的交接手续，以明确责任，确保资金的安全和权责的分明。

（2）严格遵守现金使用范围

企业的现金主要用于支付工资、津贴，支付个人劳动报酬，根据国家规定对个人发放科学技术、文化、艺术、体育等各种奖金，支付各种劳保、福利费用，支付结算起点以下的零星支出，支付出差人员随身携带的差旅费，支付向个人收购农副产品和其他物资的价款，中国人民银行确定需要支付现金的其他支出。超出上述允许使用现金结算的业务活动范围的，企业其他付款项都必须通过银行进行转账结算。

（3）控制库存现金限额

库存现金限额指的是，企业日常零星开支所需现金的库存限额，应该由银行根据企业生产和运营的实际需要和距离银行的远近来核定限额，一般是以企业 3～5 天的日常零星开支需要为限额，边远地区或交通不便地区的库存现金限额可以多于 5 天，但最长不得超过 15 天的日常零星开支需要。①

（4）严格遵守现金开支范围和银行结算制度

要切实加强企业的货币资产管理，需要将现金收支业务实行分开办理，做到日清日结。坚决避免坐支现金情况的出现，不得使用借条或白条抵冲现金。所有的现金收支业务超过规定限额的都必须通过银行进行转账办理。各种支出的审批，支票的签发与使用都要完全分开。坚决不能出租或出借银行账户，不能签发空头支票和远期支票，不准套取银行信用。

二、存货管理

（一）存货管理概述

存货指的是，企业在日常生产经营过程中所持有的、拟销售的产成品或商品，或为了出售仍然处于生产过程中的产品，或在生产过程、劳务过程中消耗的材料、物料等。它是反映企业流动资金运作情况的晴雨表，往往会成为少数投机取巧的人用来调节利润、偷逃国家税费基金的调节器。因为它不仅在企业营运资本中占有很大的比重，而且是企业中流动性较差的流动资产。

存货管理就是对企业的这些存货进行管理，主要包括存货的信息管理和在此基础上所进行的决策分析，最后还要采取一定的措施来进行有效的控制，达到存货管理的最终目的，提高企业的经济效益。

企业置留存货的原因主要有两个：其一是为了保证日常生产或销售的经营需要，其二则是出于对价格的考虑。企业在购买原材料的时候，零散购买的价格往往较高，批量地购买则会在价格上产生一定的优惠。但是，过多的存货就会占用企业较多的资金，并且会增加企业的成本，包括仓储费、维护费、保险费、管理人员的工资等在内的各项开支。因此，进行存货管理的目标就是尽力在各种成本与存货效益之间做出权衡，最终达到两者的最佳结合状态，保证企业利益的最大化。

---

① 李菊荣. 财务管理 [M]. 北京：北京航空航天大学出版社，2012：193.

（二）存货的成本

1. 订货成本

存货的订货成本又可以叫作进货费用，指的是企业为组织进货而需要支出的相关费用，包括员工的办公费、差旅费、电讯费、检验费、邮资费等。在一般情况下，企业每次派人去采购地进货的费用基本上都是固定的，不会因为每次采购数量的不同而有所变化，企业每次订货成本的总额等于每次订货的费用乘以进货次数。企业若是想要降低订货成本，就需要相对地减少订货次数。

2. 购置成本

存货的购置成本一般是由存货的购买价格和运杂费组成的。若企业在一定时期内的存货需求总量是一定的，如果抛开商业折扣不予考虑，无论进货的批量是多少，存货的购置成本总额总是相对固定不变的，在数量上等于存货需求总量乘以单位存货的单价。

3. 储存成本

储存成本指的是，企业为持有存货而产生的成本费用的支出，主要包括存货资金占用的机会成本、保险费用、仓储费用、存货库存损耗等。储存成本等于存货储存量与单位存货储存费用的乘积。一般情况下，单位存货的储存费用是相对固定的，因此，企业储存成本的大小主要受到存储数量的影响，要降低企业在一定时期内的储存成本，就需要减少企业的进货批量（增加进货次数）。我们需要注意的是，储存成本里的一部分与存货数量是无关的，例如仓库的折旧费用、仓库职工的固定工资等。对企业储存成本管理的重点是与储存数量有关的成本费用的支出。

4. 缺货成本

缺货成本指的是，企业因存货不足而造成的损失，主要包括由于原材料供应中断造成的停工待料损失、产品供应中断导致延误发货的信誉损失以及失去市场机会的有形或无形的损失等。企业的缺货成本在一般情况下计算很困难，常常不予多加考虑，但是如果企业的缺货成本能够准确计量，那么也可以在存货的决策中考虑缺货成本这一项。

（三）存货的作用

1. 有利于产品的销售

在一般情况下，企业的产品是批量生产和批量销售的，对于客户来说，采购批量的形式在经济上会有一定的优惠。企业的产品持有一定的产成品库存有利于产品的销售，否则当碰到客户的大批量订单时，就有可能失去难得的良好商机。

2. 适应市场的变化

企业在生产经营中所面对的市场几乎是每天千变万化，但市场对本企业生产产品的需求量却基本上是稳定的。企业持有一定数量的存货储备能够提高企业在生产和销售方面的机动性和适应市场变化的能力。企业持有一定数量的库存，这样当市场的需求量突然增加时，就能够及时满足市场的需求。并且，国家货币发生通货膨胀时，适当地储备一定数量的存货，有利于企业获得一定程度上的物价上涨的好处。

3. 防止生产经营中断

企业的生存和发展主要是通过产品与商品的不断流转而获得利润，如果这种流转过程中断或不顺畅，就会给企业造成经济上的损失。对于商业企业来说，如果畅销商品库存不足，必然会失去销售的良机；对于生产企业来说，如果企业原材料的存货不足，就必然会导致生产中断，停工待料。而对于生产或销售有季节性的企业来说，一定数量的库存对整个企业的发展具有至关重要的作用。尽管随着现代经济的不断发展，科学技术的不断提高，生产自动化也随之不断提高，有些企业正在推行"零库存"的方式，但是从目前市场的整体状况来看，要做到这一点并非很简单的事情，有一些行业甚至根本就不可能做到这一点。

4. 维持均衡生产

市场中有一些企业生产的商品属于季节性商品，或者说有的企业的产品需求很稳定，如果完全根据市场需求的变化，产量时高时低地进行生产，有时生产能力就会被闲置，有时又会出现超负荷生产的状况，这样都会增加企业的生产成本。因此，企业为了降低生产成本，最有效的措施就是实行均衡生产，而这样做的结果必然就会产生一定数量的产成品库存。

5. 降低进货成本

市场上的很多企业为了扩大自身的销售数量，对购货方提供了较为优厚的商业折扣待遇，即购货达到一定数量之后，就会在价格上给予相应的折扣优惠。企业采取批量集中进货，就可以获得更多的商业折扣，从而降低企业的生产成本。除此之外，企业通过增加每次购货数量，减少购货次数，还可以降低采购费用的支出。在采用大批量购货方式下，只要企业购货成本的降低额大于因存货增加而产生的储存等各项费用的增加额，这种采买方式便会给企业带来一定的利润空间。

（四）存货经济批量的确定

经济批量指的是，在一定时期之内能够使存货总成本最低的每次订货数量。通过对存货成本进行分析后，我们知道决定存货经济进货批量的成本因素主要包括订货成本和储存成本。在一般情况下，减少企业的进货批量，增加进货次数，就会降低企业的储存成本，但是会增加进货费用；反过来，如果增加进货批量，减少进货次数，就会降低进货费用，但同时也会提高企业的储存成本。因此，如何协调各项成本之间的关系，使其总和保持在最低水平，这是企业组织在进货过程中需要解决的主要问题。

1. 经济批量模型

经济批量模型的运用需要有一定的条件，这个条件主要表现在模式成立的基本假设上，其主要假设有：在需要存货时，能立即无条件地订到货并且每次订货是集中到货；企业能够及时补充存货；存货单价是已知不变的，且不考虑购货折扣；存货需求量确定；不存在缺货成本。

从上述假设条件中我们可以看出，在存货需求量确定和单价已知的情况下，存货的购置成本不会因为订货批量的改变而发生变化，这是与订货批量的决策无关的成本。在不考虑缺货成本的情况下，影响订货批量的存货决策成本只有订货成本和储存成本。企业的订货成本、储存成本和存货总成本三者之间的关系如图4-3所示：

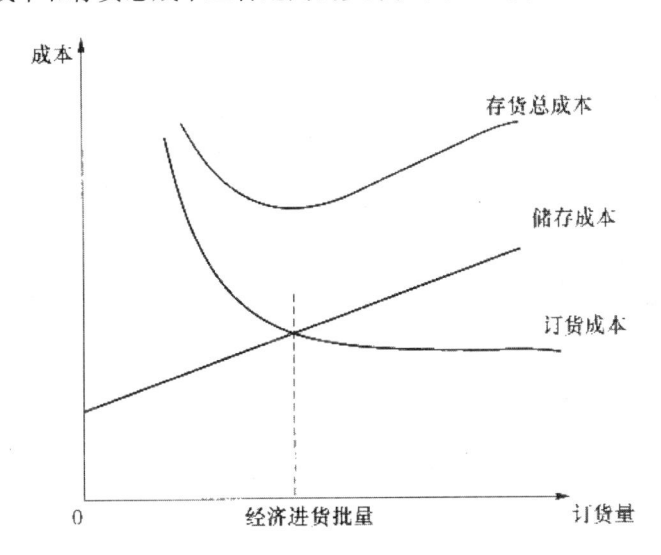

图 4-3 存货成本关系

从图中我们可以看出，当订货成本与储存成本相同时，存货总成本最低，这时的进货批量就是经济进货批量。

经济批量模型的计算公式为：

$$存货总成本 = 订货成本 + 储存成本$$

$$TC = (D/Q)F + (Q/2)C$$

其中，TC为存货总成本，D为存货年需要量，F为每次订货成本，C为单位存货年储存成本，Q为订货批量。

求 TC 对 Q 的导数为：

$$经济批量（Q）= \sqrt{\frac{2DF}{C}}$$

将其代入上述公式，可得：

$$存货总成本（TC）= \sqrt{2DFC}$$

则：

$$经济进货批量平均占用资金（W）=（Q/2）P=P \cdot \sqrt{\frac{DF}{2C}}$$

$$年度最佳进货批次（N）=D/Q= \sqrt{\frac{DC}{2F}}$$

2. 有数量折扣的经济批量模型

在上面对经济批量的分析中，是假设价格不随批量的变动而变化。但是如果价格随订购批量而发生变化，即大批量采购可以在价格上取得优惠的情况下，在确定经济批量时除了考虑订货成本和储存成本外，还应该考虑到购置成本。

（五）存货的日常管理

存货的日常管理指的是，企业在日常生产经营过程中，按照存货计划的要求，对存货的使用和周转情况进行的组织、调节和监督。对存货的日常管理的方式主要有三种。

1. 存货储存期控制

存货储存期控制的核心是根据本量利分析的基本原理，计算商品或产品的保本期、保利期。不管是工业企业还是商业企业，它们的产品或商品一旦进入库房，就必须尽早销售出去，否则存货储存成本就会随时间的推移不断增加，所以，保本期、保利期的计算是合理控制存货成本，规划目标利润的有效手段。

商品的保本期指的是，从商品购入到销售保持不盈不亏状态的储存天数，它是商品盈亏的分界点。在这个储存天数内销售出产品，就可以获得一定的利润；而超过这个储存天数，企业就会产生亏损。

商品的保利期指的是，保证实现一定目标利润，商品应储存的天数。

以商品流通企业为例，某待售存货的储存时间与利润实现的关系可以用以下公式计算，得到存货的保本期和保利期的计算公式：

存货的保本期=（进销差价-销售税金及附加-进货费用）/每日储存费用

存货的保利期=（进销差价-销售税金及附加-进货费用-目标利润）/每日储存费用

从上面的公式中我们可以看出，在每日储存费用一定的情况下，存货的储存期越长，该存货实现的利润就越小。因此，企业要加强对存货储存期的研究和控制，以保证基本销售利润的实现。存货的目标销售利润可以按照销售利润率、必要的投资报酬率确定，但目标利润水平要合理，要符合行业竞争的要求。[1]

2. 订货点的控制

在一般情况下，企业的存货都不能做到随用随时补充，因此，为了保证企业的正常生产，不能等到存货用光之后才去订货，需要在还没有用完时就提前订货。在存货剩余到一定的数量再去订货，这个存货的数量就是要确定的订货点。因此，所谓的订货点，就是订购下一批存货时该存货的储存量。

订货点的计算公式为：

订货点 = 平均每日的正常耗用量 × 交货时间 + 安全储存量

$\quad$ =nt + s

$\quad$ =（mr-nt）/2 + nt

$\quad$ =（mr + nt）/2

安全储存量的计算公式为：

安全储存量 s=（预计每日的最大耗用量 × 预计最长提前时间 - 平均每日的正常耗用量）/2=（mr-nt）/2

在上述公式中，其中 n 表示每天的正常耗用量；m 表示预计每天的最大耗用量；t 表示交货时间，指从发出订单到货物收到验收完毕所用的时间；r 表示预计最长提前时间；t 表示保险储备，是指为防止耗用量突然增加，或交货误期进行的储备。

3. 存货 ABC 分类控制法

企业库存物品品种繁多，尤其是在大中型企业的库存物品往往会多达上万甚至数十万种。实际上，不同的存货项目在企业生产经营中的地位和自身特点方面都有较大的差别。有的存货虽然品种和数量都很少，但却很昂贵，如果管理不善，就会给企业造成极大的损失。而有的存货虽然品种数量繁多，但金额却很小，即使在管理当中出现一些问题，也不至于对企业造成很大的影响。因此，无论是从管理能力，还是从经济角度来考虑，企业想

---

[1] 李菊荣，梅晓文. 财务管理[M]. 北京：北京航空航天大学出版社，2010：20.

要实现对库存全面细致的控制都是极为困难的。就目前来看，ABC 分类控制法是当前加强对存货的控制，提高存货管理效率的一种最为有效的管理方法。

存货 ABC 分类控制法，指的就是按照一定的标准，将企业的存货划分为 A、B、C 三类，实行分品种重点管理、分类别一般控制和按总额灵活掌握的存货管理方法。A 类存货的价值较大，生产经营使用频繁，周转速度快，是企业最重要的存货，对该类存货要按存货品种来组织日常管理，该类存货虽然品种较少，但所占价值比重较大；B 类存货价值一般，生产经营也经常会使用到，存货重要性仅次于 A 类，但由于品种较多，企业无法按库存品种逐项进行控制，可以考虑总额控制和个别例外原则相结合的管理方式；C 类存货品种繁多，且价值相对很小，使用频率较低，资金周转缓慢，该类存货一般可凭经验，实行总额控制、定期检查的控制方法。[①]

在一般情况下，A、B、C 三类存货的金额比重大致为 A：B：C＝0.7：0.2：0.1，而品种数量比重大致为 A：B：C＝0.15：0.3：0.55。但三类存货的金额与品种的比例并没有什么固定标准，企业可根据实际的管理要求自行加以确定。

第三节　现代企业应收款项管理

一、应收款项的作用和管理目的

应收款项指的是企业因对外赊销产品、供应劳务等经营活动而应向购货或接受劳务的单位收取的款项。应收款项是企业流动资产的一个重要组成部分。

（一）应收款项的作用

1. 减少存货

企业如果持有大量的产品存货，就要支付大量的管理费、仓储费和保险费等；反过来，如果企业持有的是应收款项，就无须增加多余的支出。因此，当企业的产品存货较多时，就可以采用较为优惠的信用条件来进行赊销，把存货转换成为企业的应收款项，以节省企业的开支。

2. 增加销售

企业实行的赊销活动是促进销售的一种重要方式。进行赊销的企业，不仅要向顾客销

---

① 李菊荣，梅晓文. 财务管理 [M]. 北京：北京航空航天大学出版社，2010：20.

售产品，还要在一个规定的期限内向顾客提供资金。虽然赊销的方式仅仅是影响销售量的多种因素之一，但是在企业缺少资金的情况下，赊销的促销作用就显得十分明显，不失为一种重要的筹资方式。在企业销售新产品、开拓新市场时，赊销就会显示出其增加销售的重要作用。

（二）应收款项管理的目的

企业进行赊销的方式和现销方式相比较，意味着应计现金流入量与实际现金流入量会存在一定的差距，因为在赊销的期间产生货款拖欠，甚至是坏账损失的可能性较高。随着应收款项的不断增加，也就意味着企业的坏账损失率和管理费用的不断增加。对于企业自身来说，过严的信用政策会在一定程度上降低销售，而过宽的信用政策也会导致坏账损失的不断增加。因此，企业在充分发挥应收款项作用的同时，还要尽可能降低应收款项投资的机会成本，减少坏账损失，增加应收款项的投资收益，将企业的损失降到最低。

（三）应收款项的成本

企业在采用赊销的方式来促进销售时，会因为持有应收款项而付出一定的代价，而这个代价就被称为应收款项成本。主要包括：

1. 管理成本

应收款项的管理成本是指企业在对应收款项进行管理时耗费的一系列开支，主要包括收账费用、对客户的资信调查费用和其他费用。

2. 坏账成本

应收款项是在商业信用的基础上产生的，因此，它存在一些账款无法收回的可能性，这样就会给应收款项的持有企业带来一定的损失，即为坏账成本。企业持有的应收款项越多，就意味着其坏账成本也会相应增加。从这个方面进行考虑，为规避发生坏账成本而给企业生产经营活动的稳定性带来不利的影响，企业应合理提取坏账准备，将企业的损失降到最低。

坏账成本可以按赊销收入和预计的坏账损失率来计算，它的计算公式为：

$$坏账成本 = 赊销收入 \times 预计坏账损失率$$

3. 机会成本

应收款项的机会成本指的是，企业因资金投放在应收款项上而丧失的其他收入。这一成本的数额通常是与企业维持赊销业务所需要的资金数量、资本成本率有关。机会成本的计算公式为：

$$应收款项机会成本 = 维持赊销业务所需要的资金数量 \times 资本成本率$$

在上面的公式中，资本成本率一般可按有价证券的利息率来计算，维持赊销业务所需要的资金数量可按下列步骤来计算：

（1）计算应收款项的平均余额

$$应收款项平均余额 = 年赊销额 \times 平均收账天数 /360$$
$$= 平均每日赊销额 \times 平均收账天数$$

（2）计算维持赊销业务所需要的资金

$$维持赊销业务所需要的资金数量 = 应收款项平均余额 \times 变动成本 / 销售收入$$
$$= 应收款项平均余额 \times 变动成本率$$

从上面的公式中，我们分析得到的结果是，如果企业的成本水平保持不变（单位变动成本不变，固定成本总额不变），那么随着赊销业务的不断增加，只有变动成本会随之增加。

二、应收款项管理的信用政策

信用指的是在商品交换过程中，交易一方以将来偿还的方式获得另一方的财物或服务的能力。信用政策是企业制定的应收款项的管理政策，即对应收款项投资进行规划与控制而确立的基本原则与行为规范，包括信用条件、信用标准和收账政策三部分内容。

（一）信用条件

信用条件是企业要求客户支付赊销款项的条件，一般包括现金折扣和信用期限两个方面的要求。企业可以根据行业惯例和本企业的实际情况来制定本企业的信用条件，以提高自身的市场竞争力。

1.信用期限

信用期限指的是，企业允许顾客从购货到付款之间的时间。如果一个企业允许其顾客在购货后的40天内付款，信用期就为40天。如果企业制定的信用期过短，就不足以吸引顾客来购买；但是如果信用期过长，就极有可能给企业造成坏账损失，所得的收益甚至会被增长的费用所抵消。因此，企业必须制定出恰当合理的信用期。

企业确定信用期，主要是分析改变现行信用期对收入和成本的影响。延长信用期，会使销售额增加，对企业产生有利的影响；但与此同时应收款项、收账费用和坏账损失也会随之增加，就会对企业产生一定的不利影响。当前者大于后者时，就可以延长一定的信用期，否则不宜延长。如果信用期缩短，出现的情况就会与此相反。

2. 现金折扣

现金折扣指的是，企业对客户在信用期内提前付款时给予的优惠措施。向顾客提供现金折扣的主要目的是，吸引顾客为享受优惠而提前付款，缩短企业的平均收款期。企业实行的现金折扣通常采用"2/10、1/20、n/30"这些符号来表示，它们的具体含义为，2/10表示"10天内付款，可享受2%的优惠"，1/20表示"20天内付款，可享受1%的优惠"，n/30表示"付款的最后期限为30天"，这时再付款就没有优惠活动了。

现金折扣会增加企业的运营成本，当企业在给予顾客某种现金折扣时，首先要考虑的是采用现金折扣给企业带来的效益与企业所增加的成本相比，哪一个要数量多一些，或是更有价值一些。

现金折扣是与信用期限结合起来使用的，因此，确定折扣的政策实际上与信用期限确定方法是一样的，要把所提供的延期付款时间和折扣综合起来，估计方案的延期与折扣能取得的最大收益，然后还要计算各方案带来的成本增加量，当所有的步骤都做好之后，最后再综合考虑要实行的最佳方案。

（二）信用标准

信用标准指的是，顾客获得企业的交易信用自身应具备的条件。如果顾客达不到企业所规定的信用标准，就不能享受企业的信用或只能享受较低的信用优惠。

1. 信用标准的影响因素

企业在针对某一顾客设定其信用标准时，要先对其信用等级进行评估。这个环节企业可以通过"五C"系统来进行。所谓的"五C"系统，指的是需要对顾客信用品质的五个方面进行评估，主要包括：

（1）能力

能力指顾客的偿债能力，即其流动资产的数量和质量以及与流动负债的比例。顾客的流动资产越多，说明其转换为现金支付款项的能力也就越强。同时，还要注意顾客流动资产的质量，观察其是否有存货过多、过时或质量下降，或是其他影响其变现能力和支付能力的情况出现。

（2）品质

品质是指客户履约或赖账的可能性，这是决定是否给予客户信用的主要原因之一，企业可以通过了解客户以往的付款记录来对其进行评价。

（3）条件

条件指的是，可能影响顾客付款能力的经济环境。

（4）资本

资本指的是，顾客实际的财务实力和财务状况，能够证明顾客可以偿还债务的背景。

（5）抵押品

抵押品指的是，当顾客拒绝付款或是无力支付款项时能够被用作抵押的资产。这对于新客户或信用状况有争议的客户尤为重要。企业一旦收不到这些顾客的款项，就可以用抵押品作为抵补。如果这些顾客能够提供足够的抵押，就可以考虑向它们提供相应的信用优惠措施。

2. 信用标准的确立

企业确立信用标准，主要有两个目的：其一是确定客户的信用等级，以作为给予或拒绝客户信用的依据；其二是确定客户拒付账款的风险，即坏账损失率。

企业信用标准的确立，需要通过三个环节：

（1）制定信用等级的评价标准

企业根据对客户信用资料的调查分析，找出评价信用优劣的数量标准。企业可以查阅各个客户在过去若干年内的信用资料，选择一组最具有代表性、能够说明付款能力和财务状况的若干比率（如应收款项周转率、流动比率、速动比率、产权比率或资产负债率、存货周转率、赊购付款履约情况等）作为信用风险指标，根据其在过去几年内的最坏情况，分别找出信用好的和信用坏的两类顾客上述比率的平均值，并将此作为对其他顾客进行比较的信用标准。[①]

（2）计算坏账损失的总比率

根据有关客户的财务报表数据，计算他们的指标值，并和企业制定的信用等级评价标准进行比较。比较的方法是：若某客户的某项指标值等于或低于坏的信用标准，该客户的拒付风险系数(坏账损失率)就会增加10%；若客户的某指标价值介于好与坏信用标准之间，那么其拒付风险系数增加5%；如果某客户的某一指标值等于或高于好的信用指标时，那么这个客户的这一指标没有拒付风险，其拒付风险系数为0；在最后，要将客户的各项指标的拒付风险系数依次相加所得到的数值就是该客户发生坏账损失的总比率。

（3）确定客户的信用等级

根据企业对客户的风险系数分析数据，将客户的累计风险系数由小到大进行排序。然后与企业承受违约风险的能力及市场竞争的需要相结合，对客户的信用等级进行具体的划分，可以将累计拒付风险系数在5%以内的划为A级客户，5%到10%之间的划为B级客户等。对待不同信用等级的客户，要采取不同的信用政策，包括拒绝或接受客户信用订单，

---

① 唐红珍. 企业财务管理[M]. 北京：科学出版社，2007：223.

附加某些限制条款或是给予不同的信用优惠条件等。

对企业的信用标准进行定量分析，有利于提高企业在应收款项投资项目上的决策效果。但是在实际企业间的经济合作关系中，面临的情况总是错综复杂的，同一指标的相同数值总是存在着较大的差异，很难按照统一的标准进行衡量。根据这种情况，企业的财务决策者就必须在更加深刻地考察各指标内在质量的基础上，结合以往的实际经验，对企业的各项指标进行具体的分析和判断，不能机械地遵循，要灵活使用。

（三）收账政策

应收款项的收账政策指的是当企业的信用条件被违反时，企业为避免损失而采取的收账策略。在一般情况下，企业为了扩大销售额，增强市场竞争能力，往往对客户的逾期未付款项规定一个允许的拖欠期限，超过这个规定的期限，企业就会采取各种措施来进行催收。

当企业的应收款项被客户拖欠或拒付时，通常会对此采取一定的措施：第一，企业应当分析现有的信用标准及信用审批制度是否存在一定的纰漏，才导致这种情况的出现；第二，重新对违约客户的资信等级进行调查和评价，将信用品质恶劣的客户从信用名单中删除，对其所拖欠的款项可先通过信函、电讯或者派员前往等方式进行催收，态度要逐渐强硬并提出警告；第三，当上述所采取的措施都没有解决问题时，企业就可以考虑通过法院进行裁决，为了提高诉讼效果，可以与其他经常被该客户拖欠或拒付账款的企业联合向法院提起诉讼。

企业除了采用一些常用的收账政策外，还可以委托收账代理机构进行催收账款。但由于委托手续费用通常较高，因此，许多企业，尤其是那些规模较小的企业采用的机会很小。

企业催收被客户拒付或拖欠的应收款项时，无论采用哪种方式，都需要付出一定的代价，即产生收账费用，如收款所花的邮电通信费、派专人收款的差旅费和不得已时的法律诉讼费等。企业加强收账管理，及早收回货款，可以减少坏账损失。但这两者之间并不一定存在线性关系。在刚开始的收款与支出可能只会减少较少的坏账损失，随着进一步增加收账费用，就将对抑制坏账损失产生更加明显的效果，但到一定限度之后，就应停止增加收账费用，这个限度就被称为饱和点。[①] 收账费用与坏账损失的依存关系，如图4-4所示。

三、应收款项的日常管理

为了有效地促进企业应收款项的良性循环，必须进一步加强对应收款项的日常管理工作。对于已经发生的应收款项，企业应采取有力的措施进行分析、控制，及时发现问题，

---

① 李菊荣，梅晓文．财务管理 [M]．北京：北京航空航天大学出版社，2010：199．

提前制定并采取适宜的措施，加速应收款项的收回，最大限度地降低坏账损失对企业所产生的不利影响。

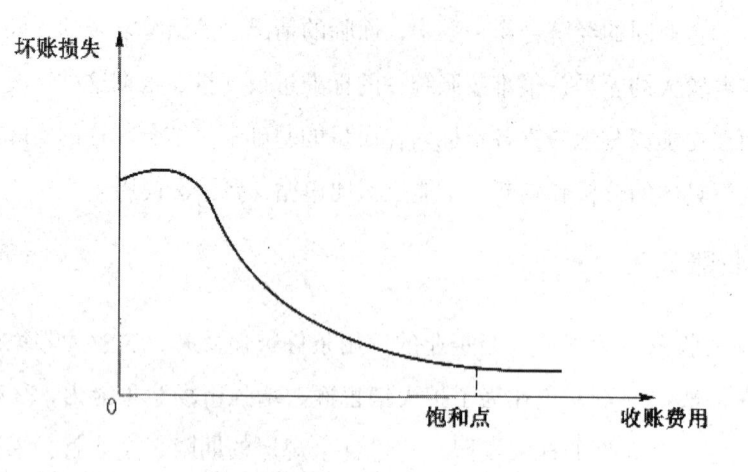

图 4-4 收账费用与坏账损失的关系

（一）应收款项追踪分析

企业在产生赊销业务之后，必须对应收款项能否如期足额收回进行考虑。为了达到这个目的，赊销企业应该在收账之前，对该项应收款项的运行过程进行详细的追踪分析和把握。

对应收款项追踪分析的重点应该放在赊销商品的销售与变现方面。如果客户具有良好的信用评价，在进行赊购商品之后，就会期望迅速地完成销售，以便归还所欠账款，在这种情况下，赊销企业一般都能够如期足额收回客户所欠货款。但是在实际的市场发展竞争中，供求关系瞬息万变，客户所赊购的商品能否顺利地完成销售与变现，并不仅仅取决于人们的主观意愿。客户也经常会因为自身产品的积压或赊销，导致与应付账款相对应的现金支付能力匮乏。在这种情况下，客户能否严格履行赊销企业的信用条件，主要取决于两个因素：第一，客户的信用品质；第二，客户现金的持有量与可调剂程度（如现金用途的约束性、其他短期债务偿还对现金的要求等）。如果客户的信用品质一贯良好，在内部持有一定数量的现金余额，且现金支出的约束性较小，可调剂程度较大，那么客户大多是不愿以损失市场信誉为代价而拖欠赊销企业账款的。如果客户信用品质不佳，或者企业内部出现现金不足，或者现金的可调剂程度低，赊销企业的账款就会在很大程度上出现拖欠情况。由此可见，通过对应收款项进行追踪分析，有利于赊销企业准确预期应收款项发生坏账风险的可能性，有针对性地研究与制定相关有效的收账对策，在与客户进行交涉时做到心中有数，有理有据，从而提高收账效率，将企业的坏账损失降到最低。

（二）应收款项收现率分析

由于企业当期的现金支付需要量与当期应收款项收现额之间存在着不对称的矛盾，并且还存在着预付性与滞后性的差异特征（如企业必须用现金支付与赊销收入有关的增值税和所得税，弥补应收款项资金占用等），这就决定了企业必须对应收款项的收现水平制定一个必要的控制标准，即应收款项收现保证率。

企业制定的应收款项收现保证率是现金收支匹配关系的需要，所确定出的有效收现的账款应占全部应收款项的百分比，是二者应当保持的最低的结构状态。应收款项收现保证率的计算公式为：

$$应收账款收现保证率 = \frac{当期必要现金支出总额 - 当期其他稳定可靠的现金流入总额}{当期应收账款总计金额}$$

在上述公式中，其他稳定可靠的现金来源额指的是，从应收款项收现以外的途径可以取得的各种稳定可靠的现金流入数额，如短期有价证券变现净额、可随时取得的短期银行贷款额等。

对赊销企业来说，应收款项在以后会不会产生坏账损失还不是最为重要的，最关键的是实际收现的款项能否满足同期必需的现金支付的要求，特别是满足企业经营必要业务开支的要求，满足具有刚性约束的纳税债务及不得延期或调换的一般性到期债务偿付的需要。应收款项收现保证率指标反映了企业在既定的会计期间预期必要的现金支付所需要数量扣除各种可靠、稳定性来源后的差额，必须通过应收款项有效收现予以弥补的最低保证程度，是企业控制应收款项收现水平的基本依据。企业应对应收款项实际收现率定期进行计算，看其是否达到了既定的控制标准。如果发现实际的收现率低于应收款项收现保证率，就应及时查明出错原因，并采取相应的解决措施，确保企业有足够的现金来满足同期所必需的现金支付要求。

（三）应收款项账龄分析

应收款项账龄分析也就是所谓的应收款项账龄结构分析。应收款项的账龄结构指的是，企业在某一时点，将发生在外的各笔应收款项按照账龄进行归类，并计算出各账龄应收账期的余额占总计余额的比重。对赊销企业来说，应收款项的逾期拖欠时间越长，企业账款催收的难度也就越大，成为坏账的可能性也就越高。因此，进行账龄分析，密切注意应收款项的回收情况，是提高应收款项收现效率的一个重要措施。

企业应对逾期款给予足够的重视，要明确查明这些款项的所属客户，这些客户是否经常发生拖欠情况，查明拖欠款项的具体原因。在一般情况下，企业应收款项的逾期时间越短，收回的可能性也就越大，坏账损失的程度相对越小；反之，收账的难度及坏账损失的可能性也就越大。企业对不同拖欠时间的账款及不同信用品质的客户，应采取不同的收账方法，制订出经济可行的收账政策和催讨方案；对可能发生的坏账损失，要提前做好充分的准备，预计这项坏账会给企业带来的各项具体损失。对尚未过期的应收款项，企业也不能放松对其的监管，以防成为新的拖欠对象。

（四）应收款项坏账准备制度

企业在实际的生产经营活动中，只要存在着商业信用行为，就不可避免地会产生坏账损失。根据现行的制度规定，确定企业坏账损失的标准主要有两个：

第一，因债务人破产或死亡，依照民事诉讼法以其破产财产或遗产（包括义务担保人的财产）清偿后，确实无法收回的应收款项；

第二，因债务人逾期未履行偿债义务超过3年，经核实确实无法收回的应收款项。

企业的应收款项只要符合上述其中的一个条件的，即可作为坏账损失来处理。但需要我们注意的是，当企业的应收款项按照第二个条件已经作为坏账处理后，并不意味着企业就放弃了对该项应收款项的索取权。实际上，企业仍然拥有继续催收的法定权利，即企业与欠款人之间的债权债务关系不会因为企业已做坏账处理而解除。[①] 因此，企业要经常与债务人取得联系并继续催收应收款项，避免因长时间不联系导致超过诉讼期限而在法律上失去胜诉权，增加企业的损失。

除此之外，企业还可以根据会计制度的遵循谨慎性原则，对坏账损失的可能性预先进行估计，并建立坏账损失的相关准备制度。企业通过建立坏账准备制度，提取应收款项的坏账值准备，以降低坏账损失对企业正常经营所造成的负面影响，能够正确反映各个时期财务成果的真实水平。企业建立坏账准备制度，对加速企业资金周转，降低损失程度也发挥着重要的作用。

---

① 唐红珍. 企业财务管理 [M]. 北京：科学出版社，2007：229.

第四节 营运资金风险与防范控制

一、营运资金基本理论

（一）营运资金的概念

企业的营运资金包含流动资产和流动负债两部分。按照不同的定义范围又可对营运资金进行广义与狭义上的区分。广义层面的营运资金指的是企业在流动资产中投入的诸如应收账款、货币、存货、货币资金，企业的总营运资本，也就是企业的营运总资本。而企业持有的流动资产与流动负债之间的差值，即某个固定时点中的资金被认为是狭义层面的营运资金。这里研究以广义层面的营运资金作为前提。

通过对营运资金情况进行分析能够对企业的短期债务偿清能力实现总体把握，企业能够及时偿清短期债务，往往代表着其持有充足的营运资金。当企业持有的流动资产不足以偿还所背负的流动负债时，表明企业缺乏足够的营运资金，将出现资金周转困难的风险，从而削弱企业正常的债务偿清能力。管理人员应当对企业整体情况实现完整掌握，维持企业正常运转时的资金需求与闲置资金规模之间的平衡，提高营运资金的利用效率。

（二）营运资金的特点

1. 周转时间短

这一特点说明营运资金可以通过短期筹资方式来解决。营运资金与其他企业资金相比，高度的流动性是营运资金最显著的特点，营运资金与货币资金、应收账款、存货等流动资产之间能够实现快速转换，并且能够在年度或营业周期的周转中实现不断增值。

2. 物质性

对于营运资金的有效运用往往伴随着相应的物质转化活动。营运资金的运转需要以相应的物质活动作为载体，生成或者消耗资产。从本质上来看，营运资金的运转具备相对独立性，属于抽象化的价值运动。

3. 补偿性

资金形态的更替贯穿于整个营运资金运转流程当中。其中，资金的价值相对固定一直存在，形态更替并不能令资金价值消失。整个运转过程对于企业而言具备相应的补偿作用。

4. 增值性

在不断的运转过程中，营运资金能够通过对剩余价值进行吸收来提高自身价值。基于营运资金与劳动活动之间紧密的联系，不断的资金运转才能为利益的获取提供相应的保证。所以，营运资金的增值性为自身的存在提供了动力。

5. 波动性

相较于其他资金较为单一的运转流程，营运资金运转流程具备多样化、复杂化的特点，运转过程中伴随着货币资金、生产材料、库存商品、应收账款等一种或多种的转换活动。企业运营过程中的一项重要管理事务便是协调各方面营运资金的转换配置，确保资金配置充足合理，能够对营运资金实现充分利用。流动资产与流动债务基于自身高度的流动特点受内外因素影响而产生的数量变动较为明显。

6. 多样性和灵活性

营运资金的来源方式具有很强的灵活性，由此也决定了营运资金的多样性特点。企业筹集营运资金的方式大致可分为长期筹资和短期筹集两种。诸如银行短期借贷、短期融资、票据贴现等方式均属于常见的短期筹资方式。

二、营运资金风险概述

（一）营运资金风险的概念

营运资金风险是因为企业营运资金不足而给其财务状况和财务成果带来的负面影响以及造成经济损失的可能性。作为企业面临的主要财务风险，它主要体现在无法顺利完成现金循环，影响企业正常的生产经营活动。营运资金作为企业正常运转的基础性资金，所有的日常经营活动都需要充足的营运资金作为支撑，并且营运资金作为企业资金循环中的重要部分，营运资金一旦缺失将直接导致企业无法正常开展运营工作。

（二）营运资金风险存在的形式

营运资金是维持企业正常经营活动所需的资金，贯穿于企业经营活动的全过程。营运资金在企业生产循环过程中，在不同阶段以不同的形式分别占压在原材料、存货、应收账款等上面。企业在购买原材料时，一般情况下一部分用现金支付，另一部分形成应付账款；加工成产成品后，部分被销售，部分形成库存；为扩大销售，企业往往会赊销，进而形成应收账款；销售获得现金和收回的应收账款再去购买原材料。就这样，营运资金在生产循环中以不同的形式周而复始地运转，实现企业价值的增值。但是，如果营运资金管理不当，不能形成上述良性循环，就会存在各种风险。

（三）营运资金管理风险的相关理论

1. 风险管理理论

风险管理起源于 20 世纪 50 年代，是企业的一种管理活动，是指企业在一个有风险的环境里将风险降至最低的过程。风险管理的目标是希望以最小的成本取得最大的收益。它不仅是安全生产，还意味着风险的识别、评估和处理，和财务、安全、生产、设备、供应、生产技术等息息相关，是一个系统的工程。

风险管理能够维持企业正常的生产运营，风险管理切实落实后，能够让企业在风险来临时，了解到风险的严重性和危害程度，及时采取措施，避免或者减少风险，从而让企业正常运营，持续生存。

2. 内部控制理论

美国反虚假财务报告委员会下属的委员会发布了《内部控制—整合框架》，简称 COSO 报告，大部分企业都是从 COSO 内部控制框架这个视角着眼，对内部控制体系进行构建和完善。这个报告一直被不断地补充和修改，所以在现阶段，内部控制理论已经趋于成熟。COSO 报告认为，内部控制包括经营效率与效果、财务报告可靠性、对现行法律法规的遵守这三个目标。COSO 内部控制整合框架认为是由五个相互关联的要素共同组成内部控制。每个企业根据自身的情况来制定内部控制制度，但都是通过它们来确定。

（1）控制环境。控制环境对组织的基调进行设定，能够对工作人员的控制意识进行一定程度上的影响。主要包括企业管理文化、人员素质等软环境和企业的治理结构、权力分配、组织体系等硬环境。

（2）风险评估。风险评估就是识别和分析与实现目标相关的风险，是风险管理的基石。

（3）控制活动。控制活动就是通过前期的风险评估，用以贯彻管理层指令能够得到执行的政策和程序。

（4）信息与沟通。信息必须在某时段以某种形式被相关负责人员识别、获得。沟通能够让企业内部员工明确自己的工作职责，明确自己在企业内部控制中承担的责任。

（5）监控。需要对一个评估体系一段时间内的运行质量进行监控，它包括日常管理和监控活动。

三、营运资金风险的来源及成因

（一）货币资金风险的来源及成因

众所周知，企业持有足量的货币资金是最安全的，因为它不仅可以用于随时支付，而且可以使企业抓住投资机会，不至于因资金筹措不及而错失投资良机。特别对于中小企业来讲，当不能从外界（比如银行、财务公司等）筹措到资金时，持有足够量的营运所需的货币资金是最保守和安全的，这样可以降低流动性风险。而与此同时，企业也会面临持有过多货币资金的机会成本风险、通货膨胀风险、安全风险以及资金使用效率不足风险。但是，企业如果持有现金不足，不仅会错失投资良机，也会因为无法支付到期债务，引发企业财务危机，甚至导致企业破产。

（二）应收账款风险的来源及成因

企业为扩大销售，不可避免地存在部分应收账款，有些企业为了实现销售目标甚至全部以应收账款的形式销售。这种盲目追求销售量增长所产生的应收账款的信用风险是很大的。如果到期无法收回赊销收入，就会形成大量坏账，进而影响企业应收账款周转率，同时收账能力下降，必将影响到营运资金。这些款项一旦收不回来，企业就会因为没有维持其运营所需的资金，不能偿还到期债务，最终导致破产。因此，由坏账风险引起的营运资金风险，会破坏营运资金的良性循环，严重情况下还可能使企业面临破产风险。

（三）存货风险的来源及成因

企业存货会占用大量资金，从而降低企业可使用资金的数量，并且降低营运资金的周转速度，进一步加大营运资金风险。造成企业存货积压的原因主要有以下三点：第一，营销策略不适合企业和市场的变化，无法及时销售所生产的产品，而造成存货积压。第二，由于内部管理失策，预算误差过大，生产过多的产品，而造成积压。第三，由于技术的发展，新产品的出现致使企业产品销量降低。

（四）应付账款风险的来源及成因

企业需要从外界购进原材料、商品、物资或接受劳务，供应商为了扩大销售，会给企业一些付款优惠政策，于是就会存在货、款不同步的情况，从而形成应付账款。应付账款可以缓解企业营运资金的紧张，但是应付账款过高则会使企业短期债务负担加重。如果企业在一定的时期内不能偿还应付账款，会降低企业的商业信用，进而导致企业享受应付账款的量降低，增加企业营运资金的压力。再者，如果管理不当，企业内部会存在应付账款舞弊现象。例如：采购人员故意增大应付账款，套取企业现金，利用应付账款贪污现金折扣，隐瞒企业退货伺机贪污"应付账款"，等等。企业内部员工操纵"应付账款"，侵蚀企业资金，进而致使营运资金损失，资金短缺的风险进一步加大。因此，应付账款的核算和管理是否得当直接关系到企业营运资金的周转，如果周转不灵，则会造成严重财务危机甚至导致企业破产。

四、营运资金风险控制过程中存在的问题

营运资金营运能力过低，可能造成资金短缺，影响到企业的经营效益，目前，企业营运资金在管理中存在的主要问题有：

（一）管理效率低下

营运资金短缺的普遍性受我国紧缩货币政策、通货膨胀压力、市场竞争的影响，企业销售的利润率低等导致企业往往过量生产，就会造成企业资金短缺的问题，或者企业为扩大生产规模，增加固定资产投资，挪用营运资金，同时管理效果又不好，就会影响企业的发展。

（二）营运资金运营效率普遍较低

由于资金使用效率较低，最主要的是应收账款的回收速度太慢，应收账款是为赊销业务而形成，在一定程度上扩大了市场占有率，但是如果催收不及时，就会造成现金流入不足。另外，如果对市场把握不准，造成盲目生产，可能会造成产品积压，或者生产计划不合理造成产品的部分原材料比例失调，占用过多的流动资金。此外，在商业信用方面，对于企业的应付账款没有重视，应付账款没有资金成本，很多企业却忽视了应付账款的管理和控制。

（三）信贷筹资计划不合理

对一般企业来说，融资的主要渠道是银行借款，企业经营的短期资金都是通过短期借款解决的，而且有较高的弹性。缺点是资金成本高，限制条件多，在资金管理上存在误区，缺乏对应用资金的合理规划，存在资金的筹集与运用不匹配的现象。对贷款资金的使用缺乏科学规划，致使资金在某一些时点上闲置，导致资金的机会成本加大，增加了财务风险。

五、企业营运资金的风险控制管理对策

针对营运资金风险存在的原因结合企业的实际条件与外部市场金融环境，做好营运资金的风险防范，达到资金管理的三层效果：第一层要注重资金的安全，在这个阶段主要是通过制度流程的设计，保障资金安全。第二层境界提高资金的效率，让资金快速周转，减少资金的占用，提高公司的资产负债率。第三层是提高资金的利用率。

（一）做好营运资金的全面预算与控制

预算是资金管理方面的有效措施，企业需要进行全面预算管理。将企业的经营方式目标、计划与详细的财务计划通过全面的预算进行事先筹划，评估财务风险，采取相应的对策，缓解财务风险。做好全面预算管理的基础工作，落实预算执行的责任人。通过对购销环节中的风险进行事先预测风险控制，尽量规避风险。财务部门应该加强对赊销和预购业务的控制，制定相应的应收应付货款控制制度，加强对应收账款的管理，及时收回应收账款减少风险，减少坏账损失，提高资金的使用效率，控制成本费用，提高企业利润，增加企业的价值。做好成本费用的控制，要从内部做好预算，加强管理力度，减少不必要的支出。做好财务预算，提高企业的资金运营效率，从销售预算、采购、投资、人工费用预算方面做好资金使用的协调，避免部门冲突，提高内部协作效率。

（二）完善财务制度建设，明确内部管理责任制

强化销售人员对应收账款的回收责任制。销售人员在其财务部门认可后方能发货，并且按购销合同，及时催收货款。

（三）利用金融市场，拓宽企业的融资渠道

在国家金融市场环境下，对企业的贷款支持越来越多，企业应对营运资金的筹措实行多渠道融资，除了长期投资外还要考虑银行的短期借款，商业性票据贴现，同时考虑集团之间的拆借、银行承兑等多种投资渠道。财务人员务必在分析比较的基础上，进行合理的筹资组合。

企业应该综合考虑流动负债与长期负债的比例关系，在满足资金需求的前提下，合理安排负债结构，科学规划营运资金，保持适当的偿债能力，严格控制长期投资占用过多的流动资金，加速营运资金的周转。

（四）做好营运资金的日常管理工作

加速资金回收，做好存货应收账款的清理工作，加快应收账款与存货周转速度，减少不必要的流动资金占用，要严格执行生产计划，还要将库存控制在合理的范围之内，加强营销工作，提高应收账款的回收率，建立完善的客户信用管理制度。

1. 合理确定最佳现金持有量

确定最佳现金持有量，合理编制现金收支计划，做好年度现金收支计划。精准预测销售收入，确定相应的现金流入量预算，根据生产经营进度，确定现金支出量测算。如果有盈余要编制盈余资金支出计划，与股票债券等短期投资项目计划对接；如果资金有缺口，要做好银行借款计划或其他筹措计划。合理确定现金基本储备、安全储备和增长储备，在确保偿债能力的前提下，提高资金的利用率。

2. 做好存货的控制与管理

首先需要精准预测存货的需求量。存货的精准预测与生产计划、销售计划结合。依据销售计划，合理安排生产计划。编制月计划，依据销售计划编制生产计划，有采购计划，使销售、生产、采购高度协同。把握好存货的订货量和订货时间，同时做好与供应商之间的充分沟通，确保能够及时供货。

3. 加强应收账款的控制与管理

应收账款在一定程度上提高了销售收入，但应收账款的回收并不是财务部门的事情，销售部在做好产品促销的同时要做好货款的回收。销售部相关人员，及时催收货款，在做好应收账款结算工作的同时，对催收而不还款的客户应该及时收集相关资料，严格销售合同管理。做好应收账款明细账并及时进行账龄分析。确定坏账损失，明确销售合同责任，保证资金安全，必要时成立专业的清欠机构。

（五）充分利用商业信用，提高资金的充分利用率

合理安排采购计划，合理利用商业信用。如果企业在材料采购过程中，充分利用商业信用，从供应商那里获得无息贷款，金额越多，越能更好地充分利用营运资金。因此，采购部门严格控制采购计划，在注重企业信誉的同时，控制付款时间，争取这部分流动资金得到充分利用，另外通过战略合作伙伴关系寻找可靠供应商，确保原材料按时足量供应，延长付款时间。商业信用的利用是短期筹资的重要渠道。

总之，营运资金管理水平的高低，关乎企业的生存与发展。企业应该做好营运资金的全面预算与控制，完善财务制度建设，明确内部管理责任制，利用金融市场，拓宽企业的融资渠道，做好营运资金的日常管理工作。

第五章　现代企业并购管理与风险防范控制

第一节　现代企业并购概述

一、企业并购的含义

企业并购这一概念在我国并没有得到统一，这是因为我国并没有在立法层面明确企业并购这一概念。按照国际惯例，企业并购通常是指企业兼并与收购（Mergers and Acquisitions），统称为 M&A，我国则简称为并购。同时，我国台湾地区相关规定也使用这一概念，并且台湾地区还于 2002 年颁布了"企业并购法"。虽然其侧重规范公司及其并购程序等层面的规定，仅在第十五条至第十七条涉及调整因企业并购导致劳动契约发生变化所引发的劳动法相关问题，但是企业并购这一概念仍然成为台湾地区学者研究企业并购的基点并被广泛使用。不过企业并购这一概念在我国台湾地区已经被赋予各种意义指向和类型指称，包括公司合并、公司分立、股权转换、营业让与、概括承受及变更组织等在内的多种形式，其与欧美国家"并购"的内涵出现了截然不同的用法与含义。虽然我国大陆学者在研究企业并购问题时，也大量借用企业并购的概念，但却经常在不同的意义上使用，有借用欧美之并购内涵，亦有借台湾地区并购之意，这导致"并购"变成了完全不具有确定性的法律概念。这种采不同含义之用法严重破坏了劳动立法研究的前提。同时，对企业重组的概念进行审视也会发现，企业重组是经济学上的概念而并非制定法上的概念，它是指对企业的资金、资产、劳动力、技术、管理等要素进行重新配置，构建新的生产经营模式，使企业在变化中保持竞争优势的过程。企业重组贯穿于企业发展的每一个阶段。它包括业务重组、资产重组、债务重组、股权重组、人员重组、管理体制重组等模式。具体的重组方式表现为合并、兼并收购、接管或接收、标购、剥离、分立破产等。显然企业重组的概念过于宽泛，不利于准确地表达企业所发生的影响劳动者利益的变动形式。

当前，我国并没有制定针对企业并购的法律法规，这就导致无法对这部分内容进行严格有效的规制。同时，我国现行《公司法》中没有明确规范公司并购这一概念，仅仅在第九章对公司合并、分立、增资、减资，第十章对公司解散与清算进行了限定与规制。这两章规定被视为研究企业并购类型的依据。公司法学界对公司组织形式变动类型也持有多种认识。归纳起来主要有以下几种观点：一种观点认为，公司组织形式的变动应分为公司内部组织结构的变更和公司外部组织结构的变更，并将其进一步概括为"公司章程的变更、公司的重组或重构、公司组织结构的消灭"。另一种观点认为，公司组织形式的变动包括组织变更和财产变更两方面。这种观点较倾向于日本的分类模式。还有种观点认为，公司主体（包括合并与分立）、公司形式、公司资本、公司章程等重大事项发生变化都属于企业组织形式的变动。此外，《中华人民共和国劳动合同法》首次在国家立法层面对于企业组织形式变动引起的劳动合同问题加以规制。不过，我国劳动立法仅对合并、分立两种情况进行了一定程度的立法规制，并确立了劳动合同承继制度。但当前，企业组织发生变动频繁，形式日益多样化，间隔愈渐短期化，现行劳动立法的规定显然有些力不从心，对于合并、分立之外的企业并购类型应如何规制成为新的法律问题。

二、企业并购的类型

（一）根据出资方式进行分类

按照出资方式，可以将企业并购划分为三类，即承担债务式并购、股权交易式并购和现金购买式并购。

1. 承担债务式并购

承担债务式并购是指并购企业以承担目标企业全部债权债务的方式获得目标企业控制权，此类目标企业多为资不抵债，并购企业收购后，注入流动资产或优质资产，使企业扭亏为盈。

2. 股权交易式并购

股权交易式并购是指并购企业可以通过股权互换式并购以实现控制被并购企业的目的，即通过向被并购企业的股东发行自己企业股票来换取被并购企业大部分的股票。一般并购企业发行的股票至少要达到被并购企业的表决权数才可以采用，目前，绝大多数的并购都采用该种方式。并购企业也可以通过向被并购企业发行自己企业的股票来换取被并购企业的资产，并且有选择地承担被并购企业的债务，也就是所谓的股权换取资产式并购。

3. 现金购买式并购

现金购买式并购具体可以分为现金购买资产式并购和现金购买股权式并购，前者指并购企业使用现金购买被并购企业的全部和绝大部分资产，使被并购企业除现金外没有可持续经营的物质基础，从而成为有资本结构而无生产资源的空壳；后者是并购企业通过市场柜台、协商等方式，使用现金、债券购买目标企业的部分或全部股票，以实现控制被并购企业资产和经营权的目的。

（二）根据并购企业对目标企业的收购态度进行分类

1. 敌意并购

敌意并购是一种带有强制性的并购方式，指并购企业在遭到目标企业抗拒的情况下，依然强制收购目标企业股权，或者并购企业事先并不与目标企业进行协商，而突然直接向目标企业股东开出价格或收购要约。这种并购方式的最大缺点在于，并购可能会遭到目标企业从上至下的反对，使并购后的整合工作很难进行，因无法顺利重组而导致并购失败。

2. 善意并购

善意并购是并购企业与目标企业达成协商一致的结果，是指并购企业事先与目标企业协商，征得其同意并谈判达成收购条件的一致意见而完成收购活动。在这种并购的形式中，双方能够充分交流信息，有利于降低并购行动的风险和成本，且成功率较高。但善意并购一般须以牺牲自身的部分利益为代价，来换取目标企业的合作和配合，协商、谈判时间较长。

（三）根据并购企业与目标企业所处行业的关系进行分类

1. 纵向并购

纵向并购是指发生于产业链纵向关系的两家企业之间的并购行为，具体来说就是指生产过程或经营环节衔接、密切联系的企业之间或者具有纵向协作关系的专业化企业间的并购，这种并购方式还可以进一步细分为前向并购和后向并购。纵向并购的企业之间不是直接的竞争关系，是供应商和需求商之间的关系。通过纵向并购将市场交易行为内部化，有助于减少市场风险，节约交易费用，同时也易于设置进入壁垒。

2. 横向并购

横向并购是指发生于产业链横向关系的两家企业之间的并购行为，具体来说就是指具有竞争关系的、经营领域相同或生产同质产品的同行业之间的并购，即这种并购方式是企业获取自己不具备的优势资产、削减成本、扩大市场份额、进入新的市场领域的一种快捷方式。这种方式可以发挥经营管理上的协同效应，便于在更大的范围内进行专业分工，采用先进的技术，形成集约化经营，产生规模效益。但这种并购方式容易破坏自由竞争，形成高度垄断的局面。

3. 混合并购

相较于纵向并购与横向并购，混合并购涉及的企业之前并没有明确的生产链关系，也就是说这是一种处于不同产业领域、产品属于不同市场，且与其产业部门之间不存在特别的生产技术联系的企业之间的并购行为，这种并购方式具有跨行业、跨部门的特征。其目的在于减少长期在一个行业里经营所带来的风险，扩大产业自身的产业结构和技术结构，进入更具增长潜力和利润率较高的领域。这种并购方式可以产生协同效应，有效突破垄断的壁垒限制。在面临激烈竞争的情况下，我国各行各业的企业都不同程度地追求多元化，混合并购就是多元化的一个重要方法，为企业进入其他行业提供了有利、便捷、低风险的途径。

（四）根据是否通过证券交易所公开交易进行分类

1. 协议收购

协议收购是指不经过证券交易所达成的并购行为，在协议收购下，并购企业与目标企业直接联系、谈判、协商，最终达成一致意见，据以实现被并购企业股权转移的并购方式。协议收购容易取得被并购企业的理解和合作，有利于降低收购的成本和风险，但是协议收购的契约成本较高。

2. 要约收购

要约收购是指通过证券交易所达成的并购行为，这是各国证券市场最主要的收购形式，它通过公开向全体股东发出要约，达到控制目标企业的目的。其最大的特点是在所有股东平等获取信息的基础上由股东自主做出选择，因此被视为完全市场化的规范的收购模式，有利于防止各种内幕交易，保障全体股东尤其是中小股东的利益。具体来说，还可以将要约收购进一步细分为两种要约类型，即全面强制要约和部分自愿要约。

部分自愿要约是指收购者依据目标企业总股本确定预计收购的股份比例，在该比例范围内向目标企业所有股东发出收购要约，预受要约的数量超过收购人要约收购的数量时，收购人应当按照同等比例收购预受要约的股份。与协议收购相比，要约收购要经过较多的环节，操作程序比较繁杂，收购方的收购成本较高。一般情况下，要约收购都是实质性资产重组，非市场化因素被尽可能淡化，重组的水分极少，有利于改善资产重组的整体质量，促进重组行为的规范化和市场化运作。

三、企业并购的主要程序

（一）企业并购的准备

1. 选择并购目标公司

对于企业并购而言，选择合适的目标公司对于整个并购过程的顺利推进具有基础性作用，一旦在这个步骤出现差错，很容易造成后面的步骤难以推进。企业在选择并购目标公司时，需要考虑多种因素并遵循一定的原则，把握恰当的并购时机。

（1）选择目标公司的考虑因素

第一，相关政策和法律规定。

在选择目标公司时，应该将国家政策、法律规定作为一项重要的考虑因素。我国并未对企业并购专门立法，相关规定散见于各部法律法规之中，各地出台的相关政策也不尽相同，这增加了企业并购的法律、政策风险。企业进行并购时，应注意相关政策、法规的限制，如我国对于外资并购和国有企业并购等的准入限制、对经营者集中的审查、相关的审批程序的规定等，以防因政策、法律限制而无法实现收购计划。除了限制，我国相关部门也规定了一些支持政策，特别是吸引外资方面。企业在选择目标公司时，也可利用相关优惠政策，减少并购成本。

第二，目标公司所在行业状况。

行业状况是影响企业经营的重要因素，因此，并购企业在选择目标企业时应该充分了解并掌握相关行业状况。如果企业计划在目标公司所处行业继续经营，首先，需要考虑该行业的发展状况。一般而言，应回避"黄昏企业"。其次，应考虑所选行业的市场饱和度。在供求关系保持平衡的情况下，如果企业还有发展空间，则可以考虑入驻。另外，还须考虑行业的准入限制等情况。

第三，目标公司的企业规模。

一家公司的规模与其盈利能力、市场话语权和商誉价值等之间具有紧密联系，因此，选择目标公司一定要考虑其规模大小。对于以并购方式进入新市场为目的的并购公司而言，企业规模因素尤为重要，并购一定规模的目标公司，有助于并购企业提高市场份额，迅速占领市场。但是，规模越大，并购成本相对也越大，而且规模越大，意味着企业的管理体系也愈加复杂，对并购公司的管理层的要求也更高。因此，公司在选择目标公司时，应根据并购计划和自身状况，选择合适规模的目标公司。

第四，目标公司的盈利潜力。

目标公司一般属于经营不善的微利或者亏损企业，而盈利是企业的最终目的。因此，并购企业在选择目标公司时，需要考虑自身的整合能力。只有通过整合后，目标公司有较大可能实现盈利，才可作为备选方案。企业的盈利潜力受到企业管理制度、技术研发水平、行业发展状况等多方面的影响，企业在评估目标公司的盈利潜力时，需要综合考虑多方情况。此外，并购企业还可利用亏损企业的未弥补亏损，获取一定的税收收益，减少并购成本。

（2）选择目标公司的基本原则

第一，保证并购价值最大化。

公司选择并购并不仅为了扩大规模，更是为了实现更大的盈利。企业在选择目标公司时，不可一味地追求风险最小化、规模最大化。如果企业所选择的目标公司处于黄昏期，其市场已经接近饱和，发展前景也有限，那么即使风险再小，规模再大，也不值得企业实施并购。此外，企业在并购时，也不能仅着眼于追求当前的并购成本最小化，还应考虑企业的未来盈利潜力，一个合适的目标公司应为并购企业带来新的增值潜力。

第二，保证并购风险最小化。

企业并购是一项复杂工作，这意味着企业并购过程中要面临各种风险，如因企业文化差异、企业管理制度和薪酬标准差异、企业战略差异等造成的经营风险和管理风险等内部风险以及政策风险、法律风险、国际环境风险等外部风险。企业在选择目标公司时，应尽可能地规避相关风险的发生，都存在风险的，两害相权取其轻。为避免在整合阶段遭遇困难，企业应预先收集有关目标公司的人力资源、管理团队、企业文化、经营理念以及被并购企业的市场客户、战略伙伴的态度等方面的信息，审慎地评估可能存在的整合风险。对于不可避免的风险，还应做好充分的应对准备。

第三，保证并购符合公司的战略布局。

企业并购的最终目的是更好盈利，并且很多时候企业选择并购并不仅为了实现短期盈利增加，而是为了实现长期盈利增加，这就要求并购行为必须服务于公司的最高战略布局。例如，前文所说的阿里帝国收购优酷土豆，其并购成本显然不低，但是该并购可以使阿里集团掌握从电影制作到发行的整个环节且弥补了集团在网络视频播放平台上的短板。即使短期看来，并购成本较高，收益在短期内可能难以实现，但因其与公司战略部署完全匹配，故阿里巴巴最终仍选择将其作为目标公司。

第四，保证协同效应最大化。

实际上，实现协同效应最大化是企业并购的一个重要动机。企业规模的扩大，意味着该企业在市场上拥有了更大的话语权，甚至有权参与国家相关政策的制定；协同效应的存在还使两个企业的资源能够得到充分利用，减少生产、销售环节的成本以及管理成本。企业并购使两家企业融为一体，优势互补，而市场行为步调一致，也有利于提高企业的抗风险能力。企业在选择目标公司时，应以协同效应最大化为原则。

（3）选择正确的并购时机

企业并购最终能否实现将受到宏观经济形势、市场形势和企业发展状况等多方面的影响。企业并购不仅需要选择合适的目标公司，还应选择恰当的并购时机。一般来说，在经济转型、经济波动时期企业并购频繁，促进行业洗牌。

企业在不同的发展阶段，应该选择不同的并购战略。在创业初期，企业可以选择内生性的发展方式，以培养自己的核心竞争能力并积累并购资本。在行业进入衰退期后，企业可以通过并购向其他"朝阳行业"发展，实现公司顺利转型。

2.制订企业并购方案

（1）明确企业并购方案的内容

一般情况下，公司制订并购方案会包括以下内容：目标企业基本情况、并购形式、操作方式、并购价格估算、并购后投资规划、并购与项目筹资安排、价款支付方式、财税处理、人员安置、治理整合、预期收益预测、并购进程时间表、高管人员派遣、相关事务安排。制订方案时，作为收购方应以评估价格为基础，研究确定收购底价及谈判价格区间。

（2）明确企业改制重组方案的内容

①改制重组企业基本情况。

首先，确定企业基本情况。这主要包括企业的名称、住所、法定代表人、经营范围、注册资金和现有股东及投资额等基本情况。

其次，企业的财务状况与经营业绩。包括资产总额、负债总额、净资产、产能与产销量、市场份额、主营业务收入、利润总额及税后利润。

最后，企业职工的基本情况。包括现有职工人数、年龄及知识层次构成。

②企业改制重组的必要性和可行性。

首先，要明确企业改制重组的必要性。业务发展情况及阻碍企业进一步发展的障碍和问题。其次，要明确企业改制重组的可行性。结合企业情况和改制方向详细阐明企业改制所具备的条件，改制将给企业带来正面效应。

③制订企业重组方案。

第一，明确股东基本情况。包括法人股东、自然人股东的基本情况，如有职工持股等其他形式的股东，要详细说明其具体构成、人数、出资额、出资方式等。

第二，确定股东结构和出资方式。包括改制后企业的各股东名称、出资比例、出资额和出资方式。

第三，确定资产重组方案。根据改制企业产权界定结果及资产评估确认额，确定股本设计的基本原则，包括企业净资产的归属、处置，是否须增量资产投入、增量资产投资者情况等。

第四，确定业务重组方案。根据企业生产经营业务实际情况，并结合企业改制目标，采取合并、分立、转产等方式对原业务范围进行重新整合。

第五，确定人员重组方案。含企业在改制过程中企业职工的安置情况，包括职工的分流、离退人员的管理等。

第六，确定企业拟改制方向及法人治理结构方案。选择哪种企业形式（有限责任公司、股份有限公司或其他形式）。法人治理结构方案包括改制后企业的组织机构及其职权，如最高权力机构，是设立董事会和监事会，还是设执行董事、监事，经营管理层的设置等。

第七，确定下属企业处置方案。包括下属企业的数量、具体名单、经济性质和登记形式（附法人代表及工商营业执照登记资料）。如下属企业有两层以上结构，即下属一级企业还下设一级或若干层次企业，要详细列出层次、结构，一般来说，企业改制，其下属企业资产列入改制范围的应一并办理改制登记。

④其他工作。

除了以上工作外，企业改制重组还需要明确以下几方面内容：首先，明确资产或股权重组方式。在企业改制重组中，应根据自身情况和条件选择资产重组方式，既可单独运用一种方式，也可同时运用本书介绍的几种方式对企业进行改制重组。其次，确定出资认购股权或股权转让对价。确定资产评估或企业商业价值评估方式，初步测算投资入股价格或股权出资价款，初步确定支付方式，列明企业改制重组需要履行的审批程序和审批部门。最后，还需要对改制重组工作进程及时间进行科学合理的安排。

3.开展法律尽职调查

（1）明确尽职调查目标

企业并购必须执行严格的法律尽职调查，这是检查调查对象是否存在法律问题的重要途径，需要注意的是，在实践中并不是所有的法律问题都在尽职调查的目标范围内。如何明确尽职调查目标，使得律师在后续调查过程中做到勤勉与尽责，需要考虑多个因素。

①充分掌握并考虑客户的委托事项。

律师需要充分理解客户的需求、想要达成的目标、委托的时间要求、收费情况，在此基础上，与客户协商确定尽职调查的目标、范围。

②充分考虑并购方式及交易特征。

对于法律尽职调查而言，并购方式、并购标的价值、股权并购比例等，都会对调查的范围与程度产生一定影响。相较于股权并购，资产并购中律师法律尽职调查的范围与程度较小，可能考虑资产权属状况、权利来源、权属转移事项、税务负担等事项就已足够。反之，并购标的价值越高，股权并购中拥有标的公司股权比例越高，越是需要范围更广、程度更深的尽职调查。若无特别说明，本书法律尽职调查将主要针对股权并购涉及的标的公司调查展开。

③充分考虑调查标的情况。

调查标的规模、业务模式、规范运作程度不同，尽职调查需要的时间和工作量也会不同。

在进行法律尽职调查时，律师必须充分考虑以上因素，根据实际情况确定调查的目的、对象和范围，在此基础上开展尽职调查。随着交易的进展，某些交易的商业计划和交易结构可能会发生变化，客户的需要也可能会发生变化，导致法律尽职调查的对象和范围随之发生相应调整。

（2）明确法律尽职调查关键点

在开展法律尽职调查时，在确定了调查目标的基础上，律师应该在充分考虑本次调查涉及的相关事项的前提下，明确尽职调查关键点。律师不可能熟悉所有业务涉及的法律法规，因此，针对调查对象业务类型、公司类型梳理整理与交易事项有关的所有法律法规，明确尽职调查的重点和关键点就显得尤为重要。在这个过程中，律师应该就调查领域汇编法律法规库，并归纳主要法律或重要法律条款，这一方面便于律师在项目进展中随时查阅调取法律法规；另一方面可以归纳总结调查中所需要关注的具体法律要点。

律师可以参考同行业上市公司的招股说明书等文件，通过公开披露的信息获取调查对象行业情况、业务资质、适用的法律法规及普遍法律问题。需要注意的是，进行法律调研、明确关键点可能会是一个不断重复的过程。随着尽职调查的开展，律师需要不断进行法律研究，完善或修改关键点。

（3）制订尽职调查计划

律师应该根据实际情况制订合理的尽职调查计划，这是顺利开展之后工作的基础，只有在制订科学合理的计划的前提下，才可以合理安排尽职调查时间、落实尽职调查重点事项、达到尽职调查目标。一份完善的尽职调查计划应包括尽职调查清单、尽职调查手段和方法、尽职调查注意事项等多方面的内容。一般情况下，律师为了制订科学合理的尽职调查计划，会将所有与调查目标有关联性的法律事实逐条列明，也就是拟定一份尽职调查清单，需要注意的是，这份清单中应该包括尽职调查的重点事项。

（4）贯彻落实尽职调查并对结果进行法律分析

在尽职调查过程中，律师应根据尽职调查清单收集材料，并随时调整尽职调查计划；最终，律师结合尽职调查了解的事实情况进行法律分析，得出尽职调查结论。得出尽职调查结论后，律师应及时、完整地制作工作底稿并存档，避免丢失或对外泄露。

（二）企业并购的执行

在经过企业并购的准备阶段后，并购进入正式的执行阶段。

1. 签署法律文件

一般情况下，当一方提交并购方案并完成尽职调查后，并购双方便会就并购相关事宜展开谈判，谈判内容十分广泛，最核心的内容包括并购价格、时间节点、并购的方式等内容。企业在进行谈判之前，应确定一个可行的底线，并在首次报价时留下讨价还价的空间。此外，要考虑到价格并非并购的唯一要素。不以双赢为出发点的并购交易很少能创造真正的价值。企业无疑要考虑财务价值，但并购活动能为企业带来的各种软性收益同样不容忽视。并购成本虽然十分重要，但我们不应将其孤立在各种非经济因素以外来单独看待。

一般而言，并购所涉及的法律文件包括：保密协议；并购备忘录；条款清单；股权转让协议/资产转让协议/增资协议；更新后的公司章程或公司章程修正案。

2. 办理变更程序

并购双方在达成一致意见并签订并购协议后，需要根据法律规定上报相关部门对并购行为进行审批，通过审批后并购才可生效。同时，企业须向有关部门办理企业工商登记（包括变更登记）、企业注销、房产变更、土地使用权转让等手续。

（1）收购国有企业的资产或股权的情况

对于这种情况，需要首先获得履行对该企业的出资职责的国有资产监督管理委员会的审批同意。对于上市公司重大并购重组的行为，如果构成借壳上市的上市公司重大购买、出售、置换资产行为，则需要证监会审批。

（2）外国投资者并购境内企业的情况

具体来说，这是指外国投资者并购境内企业，并设立中外合资经营企业的情况。这种情况下，合营各方签订的合营协议、合同、章程，应报商务部或地方商务主管部门审查批准。合营各方同意延长合营期限的，应在距合营期满6个月前向审查批准机关提出申请。双方同意终止合营协议的，也应报请审查批准机关批准，并向国家工商行政管理主管部门登记。不涉及国家规定实施准入特别管理措施的，则前述审批事项适用备案管理。

（三）企业并购的资源整合

企业并购并不止于并购协议签订，也不止于相关手续办理完毕，并购整合也是企业并购的一个重要程序，其中最基本也是最重要的就是人力资源整合。

在企业并购中，并购企业需要依法安置目标公司的原有职工，并根据公司的战略以及并购协议重构管理层，为防止影响决策效率，企业在实施并购之前便需要对目标公司的管理体系进行审查，确定合适的管理方式，以规避并购后出现管理层决策困难或管理层集体辞职等影响企业运转的情况。同时，企业应统一各方的薪酬方法，有效保留核心员工，消除企业间因报酬不均而产生的矛盾，并根据公司战略制定恰当的报酬和奖励机制，以激励员工的积极性。人力资源整合是一项艰难的工程，尤其是不同行业的人力资源整合，由于背景不同，员工的素质、能力、价值观存在较大的差异，要进行人员的整合存在较大的难度，需要根据人员的素质、能力进行因地制宜的调配，价值观差距较大的员工如果无法调整，就只能选择解除劳动关系，否则对员工和公司均不利。

第二节　现代企业并购的价值评估

在公司的并购谈判中，买卖双方谈判的焦点是被并购公司价格的确定。而公司价格确定的基础是收购前买卖双方对公司本身价值的估算。本节着重分析上市公司和非上市公司的价值评估，当然有关评估技术并不是相互排斥的，其中有些评估方法既可以应用于上市公司，又可以应用于非上市公司。

一、上市价值评估

根据目标公司的不同类型和收购股本占总股本比例的大小，可以选择不同的评估方法，也可以综合使用几种评估方法得出结果。

（一）账面价值调整法

资产负债表最能集中反映公司在某一特定时点的价值状况，揭示企业所掌握的资源、所负担的债务及所有者在企业中的权益。因此，资产负债表上各项目的净值，即为公司的账面价值，通过审查这些项目的净值，可为估算公司资产的真实价值提供依据。通常，买方公司在收购前聘请注册会计师，审查目标公司提供的资产负债表的真实性。此种审查过的报表，可反映当时真实的财务状况，但是若要估算目标公司的真正价值，仍须对资产负债表的各项目做必要调整。

（二）收益分析法

1. 传统的短期分析

传统的短期分析是以价格—收益比率和每股收益为基础的，这种方法在一定程度上仅依赖一年的收益，因而是一种短期分析。

公司的价值也可以由市场对其收益资本化后所得到的资本化价值来反映。它可以用PE比率来表示，即用公司股票的每股收益去除股票当前的市场价格得到，通常以倍数表示，因此，PE比率有时也被称为价格—收益乘数（Income Multiplier），在我国则被称为市盈率。PE比率的倒数，通常被称为股票收益率（Stock Yield），也是评价股票的一个指标，表示投资者从普通股股票投资中所得到的总收益，包括在每股收益中公司为投资者保留在公司内的部分和以股利形式发放给投资者的部分。20世纪60年代和70年代，PE比率被认为是衡量公司绩效的一个最重要的股票市场指标，因而对公司的收购有着重要的影响，一个公司能够通过另一家PE比率比自己低的公司来提高它自己的EPS（每股收益，且这里假定以高于目标公司目前资本化率的资本比率来对其收益进行资本化）。

由于用短期分析，主要集中于分析PE比率对股东在短期内所产生的影响，不考虑长期的影响，并且假定市场以较高的PE比率对被收公司的收益进行资本化，因此，这些假设在某些情况下是合理的，但却不能保证它们始终是正确的。主要有以下两点不足：

（1）PE比率选择的合理性问题。在传统的短期分析上，假定市场以较高的PE比率对被收购公司的收益进行资本化。对这一假定有些人提出了质疑。由于规模经济和协同效应的影响，必须对收购后所形成的新公司的盈利能力和有效使用资产的能力做出新评估后，PE比率选择才是真正合理的。

（2）缺乏对长期影响的考虑。实际上，在任何一次收购活动中都不仅需要判断即刻产生的利益，还要考虑因此而产生的长期影响，更重要的是还应该考虑资金的时间价值。

2. 以未来收益为基础的评估

因为以历史收益为基础来进行评估有一些内在不足，因此，有必要通过对公司未来收益的预测构建一个更有用的收益模型来对并购进行评估。目前较常用的方法是：对预测的未来可保持净收益进行资本化。在运用这一方法时有两个问题需要仔细考虑，即确定预测的未来可保持净收益和选择适当的资本化率。

（1）预测的未来可保持净收益。未来可保持净收益是指目标公司在被收购以后继续经营可取得的净收益，它可以用目标公司留存的资产为基础来计算。如果目标公司的一些资产是不需要的，则可以将这些资产变卖，在评估目标公司价值时，首先应该以留存下来继续经营的那部分资产（有时也称为有效资产）为基础的收益进行资本化，然后再加上变卖资产的价值。

（2）资本化率的选择。PE比率的倒数被称为收益率，反映的是投资者在普通股股票投资中所得到的总收益，包括股利和股价升值。这是根据要求达到的收益率来确定资本化率。在实际中,还可以采用其他方法来得到资本化率。

3. 收益分析中应考虑的其他问题

对于一个潜在的投资者来说,购置任何一项资产应付的价格不会高于购买与该项具有相似风险因素的同类资产在预期的将来能得到的收益现值。显然收益途径是通过估测由于获取资产所有权而带来的预期收益现值,来确定该项资产重估价值的一种途径。在以收益为基础的分析中,收益的高低直接影响到对目标公司的评估,因此在分析目标公司的财务报告时,充分考虑下列一些因素对收益的影响是非常重要的。

(1)非常项目。《标准会计实务公报》第6号对非常项目的定义是:"非常项目是这样一些项目,它们产生于正常业务活动之外的事件或业务,它们是重要的,但预期不是经常或正常发生的。"由于对上述定义存在着不同的理解,同一产业中的公司往往使用不同的方法来处理这类问题。

(2)递延税款。由于应税利润和会计利润存在着永久性差额和时间性差额,因此,会产生递延税款问题。由于公司某些实际开支为税法所不允许,致使账面利润与税法规定的应纳税所得额之间出现差额,这种差额称为永久性差额。时间性差额是由于某些收入和支出在财务会计处理上是某一时期发生的,但从税收上考虑被认为是发生在另一时期,致使税前利润和应纳税所得额之间产生差额。由于时间性差额的存在,即使每年的会计利润保持不变,对各年征收的税款可能也是不同的。时间性差额可以通过引入递延税款账户来处理。递延税款的存在使得在税款计算中存在着较大的主观因素,这最终会影响到每股收益的计算和对公司的评估。

(三)市场比较法

市场比较法是通过将股票市场上与目标公司经营业绩相似的公司最近平均实际交易价格作为估算公司目标价值的参照物的一种方法。它是根据证券市场真实反映公司价值的程度(市场效率性)来评定公司价值的方法,这种方法在我国尚未成熟的股市中还不能应用,因为许多上市公司中的股价远远偏离实际价格。

1. 评估目标公司的资本

在实际使用市场比较法来评估目标公司的资本时,一般先是找出产品、市场、目前获利能力、未来业绩成长趋势等方面与目标公司类似的公司,然后将这些公司的净利润等各种经营绩效与股价的比率做比较,计算目标公司大约的市场价值。

2. 市场效率性

西方财务理论家一般认为市场效率性可以分为三种类型:弱式效率性、次强式效率性和强式效率性。所谓弱式效率性，即在该市场中所有包含过去股价移动中的资料和信息，并没有完全反映在股票的现行市价中，因此，投资者在选择股票时，并不能从与股价趋势有关的资料和信息中得到任何有益的帮助。若市场中股票的现行市价反映出所有已公开的信息，则该市场就具有次强式效率性。在一个具有次强式效率性的市场中，投资者即使彻底分析股票、仔细阅读年度报告或任何已出版的刊物，也无法赚得超常利润。然而公司的内幕人士如董事长、总经理却能利用他们的地位取得其他投资者所无法得到的资料，买卖自己公司的股票，从而赚得超额利润。强式效率性是指股票的现行市价已反映了所有已公开或未公开的信息，因此，任何人甚至内线人也不例外，均无法在股市中赚到超额利润。

3. 市场比较法的前提

这里市场比较法的前提为假设证券市场为次强式效率市场。由于证券市场处于均衡状态，因此，股价反映投资人对目标公司未来的现金流量与风险预期的均衡，于是市场价格等于市场价值。市场比较法依公司股价或目前市场上有成交公司的价值来作为公司比价标准，不但容易计算且资料可信度也有所提高。

市场比较法的标准可分为以下三种：

（1）公开交易公司的股价。尤其是未上市公司股价可以据已上市同等级公司股价作为参考数据来计算市价。此法资料可靠，且可根据分析者目的不同，采用不同的比较标准（如营业收入、净收入、税后净利等），使目标公司的市价更为合理。但使用此法对公司管理部门和董事会要求较高，需要一定的经验与技巧，常见的错误是高估目标公司的经营价值，或者是低估其公司清算价值，甚至可能低估目标公司的未来机会或隐含价值。

（2）相似公司过去的收购价格。尤其是在股权收购的情况下，此法被公认为是最佳选择。但是运用比较法很难找到经营项目、财务绩效、规模等相似的公司，且无法区分不同的收购公司对目标公司溢价比率的估计。因为有些收购公司只考虑目标公司价值，认为无须因收购后收购公司创造出综合效益而多支付一定数额的报酬。

（3）新上市公司发行价。这常用于公司股票公开发行时，若目标公司是公开发行公司，依照公开发行公司的初次公开发行股价，以依次计算出的公司市价作为比价标准，也许比以上市公司市值为计价标准更加贴切，此外，目标公司也可将公开发行市价与出售、清算或继续经营下的公司市价进行比较，以做出最有利的决策。但是很多初次公开发行股票的公司刚刚成立，利润低，因此，其股价的有用性大为降低，且公开发行（股票）市场的发行量、价格变化大，往往比股票集中交易市场还具有投机性，而且股价更容易被操纵，以致股价脱离其实际价值，所有这些都影响了市场比较法的应用。

二、非上市公司价值评估

非上市公司区别于上市公司的重要特征，是非上市公司的股票不存在一个像证券交易所那样高度组织化的市场。从证券市场的角度来看，并不是所有股份公司的股票都可以自由地进入证券交易所公开挂牌交易。许多国家和地区的证券法和证券交易所规定对上市公司都有相当严格的要求和管制。

（一）影响非上市公司价值评估的因素

1. 股票的市场能力

股票的市场能力是指股票的市场变现能力。一个公司的股票缺少市场能力，则股票风险相应增加，这就意味着需要对该公司的评估结果打折扣，其结果是提高了要求达到的收益水平，降低了资本化率，最终影响到对公司的评估。折扣的多少一般随着公司股票的转让受公司限制的大小而变化。

2. 公司和产业分析

公司分析的一个重要内容是公司的财务状况和盈利能力。它需要收集有关公司过去、现在和将来绩效的信息。既要与公司过去的绩效进行比较，又要与同一产业中的其他公司进行比较。市场占有率、公司的主要客户、主要的供应商和主要的竞争对手直接关系到公司的生存和发展。

（二）非上市公司价值评估法

1. 资产价值基础

资产价值基础是指通过对所有资产进行估价的方式来评估公司价值的方法。要确定公司资产的价值，关键是要确定合适的资产估价标准。目前国际上通行的资产估价标准有账面价值、市场价值、清算价值、续营价值和公平价值。这五种资产估价标准各有其不同的侧重点，各有其适用范围。就公司收购而言，如果收购目标公司的目的在于获得其未来收益的潜能，那么公平价值就是一个重要的标准；如果收购目标公司的目的在于获得其某项特殊的资产，那么清算价值作为标准可能就是一种适当的选择。

2. 收益法

收益法的运用，首先需要确定目标公司的可保持收益，一般可以通过预测得到；其次是要为目标公司选择一个合适的市盈率（PE 比率）。由于非上市公司缺少一个由市场确定的 PE 比率，因此，需要找到一个与目标公司相近的上市公司作为参照物，以它的 PE 比率作为目标公司的 PE 比率。由于非上市公司的股票缺少市场能力，从而提高了要求达到的收益水平，同时降低了它的 PE 比率，因此，对这一比率还要做必要的调整，才能应用于对非上市公司的评估。

3. 股利法

股利法的思路是：通过折算将来股利的方法确定公司目前的价值。首先确定一个合适的可保持股利，然后用股利率来对它资本化。如果是非上市公司，可以按照一个相近的可比较上市公司的股利率来对它资本化。由于非上市公司缺乏市场能力，因此也要使用一定的折扣。

第三节　现代企业并购的财务分析

一、成本分析

这里主要分析用现金收购的成本。

如果被收购公司股票的市场价格在收购消息宣布后不发生变化，收购现金较容易估计。不过，在通常情况下，一旦收购消息传出，被收购公司的股价就会上涨。因此，用现金收购的成本计算公式应改写为：

$$成本 = (现金 - MVB) + (MVB - PVB)$$
$$= 收购溢价 + 被收购公司本身价值和市场价值的差额$$

MV 为市场价值，PV 为"内在的"或"公司本身的"价值。出现差额的原因并不是被收购公司的市场价值背离了其本身价值，而是被收购公司的潜在投资者对该公司单独存在和被收购以后的预期发生了变化。如果该公司将被收购，则其股票市价往往会超过其"内在价值"。在有竞争的资本市场中，事实也确实如此。在这种情况下，收购公司在估计收购成本时必须考虑更多的因素。

二、风险分析

企业并购是高风险经营行为，财务分析应在关注其各种收益、成本的同时，更重视并购过程中的各种风险。

（一）营运风险

所谓营运风险，是指并购方在并购完成后，可能无法使整个企业集团产生经营协同效应、财务协同效应、市场份额效应,难以实现规模经济和经验共享互补。通过并购形成的新企业因规模过于庞大反而导致经济效益下降,甚至整个企业集团的经营业绩都为被并购进来的新企业所拖累。

(二)信息风险

在并购战中,信息是非常重要的,知己知彼,百战不殆。真实与及时的信息可大大提高并购企业行为的成功率。但实际并购中,企业因贸然行动而失败的案例不少,这就是经济学上所称的"信息不对称"的结果。

(三)融资风险

企业并购需要大量的资金,所以并购决策会同时对企业资金规模和资本结构产生重大影响。实践中,并购动机以及目标企业并购前资本结构的不同,还会造成并购所需的长期资金与短期资金、自有资本与债务资金投入比率的种种差异。与并购相关的融资风险具体包括资金是否可以保证需要(时间上与数量上)、融资方式是否适应并购动机(暂时持有或长期拥有)、现金支付是否会影响企业正常的生产经营、杠杆收购的偿债风险等。

(四)反收购风险

在通常情况下,被收购的企业对收购行为往往持不欢迎和不合作态度,尤其在面临敌意并购时,他们可能会"宁为玉碎,不为瓦全",不惜一切代价布置反收购战役,其反收购措施可能是各种各样的,这些反收购行动无疑会对收购方构成相当大的风险。

(五)法律风险

各国关于并购、重组的法律法规的细则,一般都通过增加并购成本而提高并购难度。如我国目前的收购规则,要求收购方持有一家上市企业5%的股票后即必须公告并暂停买卖(针对上市企业非发起人),以后每递增2%就要重复该过程(将须公告14次之多),持有30%股份后即被要求发出全面收购要约。这套程序造成的收购成本之高,收购风险之大,收购程序之复杂,足以使收购者气馁,反收购则相对比较轻松。

(六)体制风险

在我国,国有企业资本经营过程中相当一部分企业的收购兼并行为,都是由政府部门强行混合而实现的。尽管大规模的并购活动需要政府的支持和引导,但并购行为毕竟应是企业基于激烈市场竞争而自主选择的发展策略，是一种市场化行为。政府依靠行政手段对企业并购大包大揽不仅背离市场原则，难以达到预期效果，而且往往还会给并购企业带来风险。比如，以非经济目标代替经济目标，过分强调"优帮劣、强管弱、富扶贫"的解困行为，将使企业并购偏离资产最优化组合的目标，从而使并购在一开始就潜伏着体制风险。

总之，并购风险非常复杂和广泛，企业须谨慎对待，多谋善选尽量避免风险，将风险消除在并购的各个环节中，最终实现并购的成功。

三、企业盈余和企业价值分析

并购活动会对并购双方的财务指标产生明显影响。我们可以从每股收益、股份及企业盈余等方面探讨并购活动对双方的意义及影响。

（一）并购对每股收益的影响

并购必将对企业的每股收益、每股市价产生潜在影响。由于企业并购投资决策以投资对股票价格的影响为依据，而股票价格的影响又取决于投资对企业每股收益的影响。所以，企业在评估并购方案的可行性时，应将其对并购后存续企业每股盈余的影响列入考虑范围。

（二）对股票市场价值的影响

在并购过程中，每股市价的交换比率是谈判的重点。公开上市的股票，其价格反映了众多投资者对该企业内在价值的判断。因此，股价可反映该企业的获利能力、股利、企业风险、资本结构、资产价值及其他与评价有关的因素。股票市价的交换比率为：

$$股票市价的比率 = 并购企业每股作价 \div 被并购企业每股市价$$

这一比率若大于1，表示并购对被并购企业有利，企业因被并购而获利；若该比率小于1，则表示被并购企业因此而遭受损失。

（三）并购对企业盈余的影响

分析并购对企业盈余的影响，主要是看并购后的企业盈利是否大于原有两个企业盈利之和。

四、融资分析

（一）融资渠道及其分析

融资渠道以资金来源为依据，可分为内部融资渠道和外部融资渠道。

1. 内部融资渠道

内部融资渠道是指从公司内部开辟资金来源，筹措所需资金。具体可分为以下三种：

（1）公司自有资金。公司自有资金是公司经常持有，按规定自行支配，并不需要偿还的那部分资金。自有资金的特点是公司自有，不须偿还，可以自行支配。公司自有资金主要由两部分组成：一是公司实行基金制度、利润留成制度之前国家拨付给公司的资金；二是公司的税后留利。

（2）未使用或未分配的专项基金。这些基金就每一项具体的资金来说，它们只是在未使用或未分配前作为内部筹资的一个来源。一旦需要使用或分配这些资金，必须及时现款支付。这些基金可以成为公司的一项稳定和可供长期使用的资金来源。

（3）公司应付税利和利息。应付税利和利息虽然从公司资产负债表上看属负债性质，但它还是在公司内部，这部分资金不能长期占有，到期必须对外支付。从长期平均趋势看，它也是公司内部筹资的一个来源。

2. 外部融资渠道

外部融资渠道指公司从外部开辟资金来源，向公司外的经济主体筹措所需资金。具体包括以下几部分：

（1）专业银行信贷资金。专业银行财力雄厚，贷款方式多样，可以满足企业的多种需求，是公司资金的重要筹集渠道。

（2）非银行金融机构资金。这部分资金的供应具有灵活性、方便性的特点，是很有前途的资金来源。

（3）其他公司资金。

（4）民间资金。

（5）外资。

3. 发行有价证券融资分析

股份公司利用公开市场机制，发行有价证券融通资金，从经济角度看，可以直接面向投资大众，最大限度地利用社会闲散资金，并利用广大投资者的购买竞争来有效地降低筹资成本。同时，发行有价证券又可以提高发行公司的知名度，形成筹资多样化的负债结构，以避免单一化负债结构下债权人对经济活动的垄断性干预。还可以利用广大债权人对债务还本付息的关心来获得各方面的有效信息。有价证券可分为普通股股票、优先股股票、债券、可转换证券、购股权证等。

（二）融资成本分析

公司为了取得资金和使用资金而付出的代价，即为资金成本，它包括支付给股东的股息和支付给债权人的利息等。它既可以用绝对数表示，也可用相对数表示。由于融资方式不同，同一融资额所付出的融资成本也有很大不同。资金成本如用相对数表示即为资金成本率。

（三）融资方式选择

1. 内部积累

因为这种方法具有筹资阻力小、保密性好、风险小、不必支付发行成本、为企业保留更多的借款能力等诸多优点，目前国内一些大型企业或集团在内部成立财务公司，已初步具备调动自有资金进行收购的能力。

2. 外部筹资

（1）借贷、租赁等方式速度快、弹性大、发行成本低，而且容易保密，是信用等级高的企业进行筹资的重要途径。

（2）在有价证券中，企业一般倾向于发行公司债券，其次是复合公司债券，最后才能发行普通股票或配股。

（四）筹资决策程序

各种渠道的筹资决策都有一个完整的综合决策过程，以有价证券筹资为例，其决策程序如下：

1. 种类决策

筹资公司要在财务杠杆利益与财务风险之间寻求一种合理的均衡，其标准就是最优资本结构。这要通过各种数据分析方法，以资本成本率为基础，建立最优的资本结构。

2. 期限决策

筹资公司应根据筹集资金的目的来选择证券期限（股票除外）。

3. 股息与债息决策

对于股息，需要确定的是股息的种类以及股息的支付方式；对于公司债息，需要确定的是利息的形式、付息的频率及计算水平。这方面的决策中，筹资公司应努力寻求市场的均衡利率水平，一方面要使发行的证券对投资者有吸引力，另一方面又要尽量降低证券成本。

4. 发售技术决策

发售技术决策即确定证券的发售价格、发售对象以及发售方式。发售价格的确定主要取决于证券发行条件确定后到实际发售时这段时间市场条件的变化情况；发售对象与发售方式的选择取决于筹资公司用资计划、对投资者的分析、对自己信用等级和销售能力的估计、对发售成本与效益的判断等因素。

第四节　现代企业并购风险与防范控制

一、企业并购的主要风险

（一）企业并购的外部风险

1. 法律风险

企业并购行为涉及法律繁多，例如公司法、税法、会计法、证券法等，可以看出，并购是一项涉及法律关系十分复杂的活动。如果并购公司对知识产权、合同、会计准则、税收等方面的法律知识不熟悉或者操作不当，就可能因违反了相应的法律条款而招致诉讼或者使并购失败。尤其在海外并购中，由于西方国家的法律与国内的法律差异较大，外国法律对反垄断、税收、员工福利等方面的规定比较严格，如果我国公司对被并购公司所在国家的法律不熟悉，很容易触犯相关的规定而陷入诉讼危机，增加并购活动的风险。

各国对于企业并购的法律规定有所不同，但大部分国家都会通过增加并购成本的方式在一定程度上提高并购难度，从而防止公司通过并购实现行业垄断和恶意并购的现象发生。针对我国的企业并购而言，国有资产参与并购活动意味着作为其管理者的政府也要参与其中，政府的适度参与有助于加快并购速度，降低交易成本。但政府和公司是两个不同的利益主体，根据经济学中的经济人假设，为了实现自身利益的最大化，两个利益主体将采取不同的行动。政府为了维护社会的稳定，增加就业，促进当地经济的发展，就会遵循"优帮劣，强管弱，富助贫"的原则，重点放在职工安置及其福利保障等社会问题上，从而导致并购活动偏离了实现公司资产最优组合的目标，为并购后公司的经营活动种下苦果。

2. 社会环境风险

（1）并购面临财政体制和政策障碍

对于公司并购而言，现行按公司行政隶属关系向各级财政缴纳所得税及按隶属关系的投资比例划分各级财政收入的做法对其造成了严重制约。一方面，按公司隶属关系划分财政收入，各地政府为了自身财政利益必然要发展那些税高利大的公司，导致"热点"项目遍地开花，盲目投资，重复建设严重，甚至酿成地方经济与国家产业政策逆向发展，即越是国家以高税予以限制的产业，地方政府为获取收入越要发展，由此造成社会资源的巨大浪费。另一方面，这种体制将财政利益与公司利益结合在一起，强化了政府对公司的干预和保护，助长了地方和部门的保护主义，阻碍了全国统一要素市场和产品市场的形成，使得地方部门宁肯肉烂在锅里，也不肯交给他人。一边现有的资产闲置，低效、无效运行，急于扩大投资和生产规模，本可通过公司并购，使双方都得利，但政府出于自身利益的考虑，通过从中作梗使并购难以成功。

（2）并购面临职工安置障碍

随着我国经济社会发展，社会保障制度得到了进一步完善，但从整体上来看，仍然存在制度不健全的问题，而这严重影响了我国公司并购的良性发展，具体来说就是社会保障制度不健全导致职工安置困难，致使公司并购失败。在发达市场经济国家，作为市场主体的公司进行并购等资产重组活动的目标就是为了追求经济效益，实现资产的最大增值。因此，公司通过资产重组这种纯市场活动所要获取的只是有利于实现自身发展的生产要素，如优质资产和高素质的劳动力，而不是要接过一堆包袱，如劣质资产、冗员等。在这些国家，伴随着资产重组过程的必然是对所接管公司的整顿，如不需要的人员的裁减和不需要的资产或部门的处置和拍卖等，但是在我国情况则很不同。

目前，国企仍然代替政府执行着一些社会救济职能。一些公司由于政策原因或是财力不足，不可以将多余的员工推向社会，职工安置任务过重严重影响了公司并购的顺利开展。此外，政府还以指令性方式让各公司接纳安置自身并不想要的下岗职工，这也不符合市场经济原则。必须明确的是，只要还把公司内部消化吸收作为职工安置的主渠道，公司并购就不可能迈出关键性的步伐。公司承担应由社会承担的责任本身就扭曲了公司并购行为的市场行为本性，在这种条件下，公司并购本属于纯市场性的活动就变成了政治和市场交错的活动，受到了政治和社会因素的影响。

（二）企业并购的内部风险

1. 信息不对称风险

企业并购过程可能涉及一定商业机密，因此，并购企业可能无法获取一些关键信息，一些公司甚至会虚构一些对己方有利的虚假信息，而并购企业很难从繁杂的企业关系中获得目标企业的全部有效信息。因此，在信息不对称的情况下，并购企业与目标公司之间所达成的收购计划可能存在决策失误，从而导致并购计划的目的无法实现。

2. 经营管理风险

首先，不同企业的管理体制并不相同，因此，企业并购面临着不同管理体制的摩擦与碰撞，这就可能造成企业经营管理上的许多矛盾，影响企业的决策效率，而薪酬问题若处理不当，将导致人才流失或者企业承担高昂的遣散费用，影响企业的正常运营。其次，新企业借助并购进入新行业后，往往存在经验不足的问题，而被收购企业又处于劣势，决策权力有限。因此，企业可能出现决策失误，影响企业并购目的的实现。最后，被并购公司的原有客户和消费群体，可能对并购后的公司的产品质量、服务等持观望态度，企业可能因此丧失先机，被竞争对手趁机挤占市场。

3. 企业文化差异风险

企业文化可以说是一家企业的灵魂，不同企业拥有自己独有的企业文化。有的企业强调以柔克刚，后发制人。有的企业则推崇出其不意，先下手为强。企业在实施并购时，可能因企业文化的不同而最终对并购计划的实现产生巨大影响。在跨国并购中，文化差异尤其突出。如果企业文化存在误解或对立，将可能造成人员大量流失，管理陷入瘫痪，威胁到企业的正常运营。

4. 反收购风险

上面已经提到，按照并购企业的态度可以将并购划分为善意收购和恶意收购。恶意收购又叫敌意收购，是指收购公司在未经目标公司董事会允许，不管对方是否同意的情况下所进行的收购活动，一般可以通过收购目标公司股东所持的股份，取而代之成为目标公司的股东，从而实现控制权的变更。

在敌意收购中，收购双方往往会进行一系列的互斗，目标公司可能通过实施毒丸计划（当一个公司遇到恶意收购时，公司为了保住自己的控股权，大量低价增发新股，目的是让收购方手中的股票占比下降，摊薄股权，同时增大收购成本，让收购方无法达到控股的目的），或者寻找白衣骑士（目标公司所寻找到的进行收购或合并的"友好"公司）等反收购策略，企业在实施并购时，必须谨慎地估计反收购风险，做好相应的准备。

二、企业并购风险的应对措施

（一）并购风险规避

风险规避是一种常见的企业风险管理办法，这是指并购者根据一定的原则，采用一定的技巧来自觉地避开各种并购风险，以减少或避免这些风险引起的损失。

对于企业并购而言，实行合理的风险规避是保证并购成功的重要策略之一。企业并购的目标是要实现并购价值极大化，但并购价值的增加和获取通常伴随着风险的增加。因此，并购者必须对并购价值与风险同时兼顾，全面权衡。作为一个风险回避者，在各种可供选择的收购项目中，应尽量选择风险较小的项目，而放弃高收益、高风险并存的项目。这就是风险规避策略的一种应用。风险规避策略可以在三种情况下付诸实施：一是当蕴含此类风险的业务项目不是并购的主要业务项目时；二是风险太大而无法承受或风险承担与回报不平衡时；三是风险较为复杂或对其有效管理需要的专业技术和知识超出了并购者现有的风险管理能力，且并购者也无法将其转移时。

（二）并购风险转移

在实践中，并不是所有并购风险都可以采取适当的方式回避，这时就需要采取其他方式应对风险。当并购企业的自身管理能力有限难以处理某类风险，或者虽然企业有能力处理某类风险，但与其他机构相比也不存在比较优势时，最优的处理方法是进行风险转移。转移风险指的是把将要发生的风险进行转移，以减少自身承担风险强度的行为。金融机构、金融市场，特别是金融衍生产品市场的发展都为并购风险的转移提供了各种工具和便利。

从并购风险应对的实际情况来说，进行风险转移的方式主要有三种：第一种是策略组合，其实质就是根据不同的情况设计不同的并购策略方案，形成一个备用的策略方案组合群，一旦环境出现某种风险，就选用与其对应的或接近的方案去实施，从而达到部分转移风险的目的。第二种是策略调整，也就是说，将并购策略视为一个随机变化的动态过程，并购者根据环境条件的变化不断调整和修正并购策略方案，以便在风险出现的初始阶段就可将其转移出去。第三种是运用保险手段，并购者可以通过支付一定的保险费用将风险转移给有能力并愿意承担的机构或个人，从而将并购风险限定在一定的范围之内。

（三）并购风险留存

并购风险复杂多样，不可否认的是，在实践中存在一些既无法通过回避也无法通过转移处理的风险，并购者只能接受并采取相应的措施来吸收和抵御并购风险。在下面两种情况下，并购者应采取风险留存的策略：一是目标企业的资产或核心业务中所含的风险性质极其复杂，且很难向第三方转移，或转移时伴随的信息披露会降低企业竞争力；二是并购者为了获得某类风险的收益而必须接受这种风险。

对于风险留存策略管理而言，最关键的环节是准备合理水平的风险资本金以抵御和吸收风险，其主要可以通过以下三种方式实现：第一种是等额风险资本金管理方式，虽然它能较好地吸收企业面临的风险冲击，但会导致企业的营运资本比例大大下降，严重影响企业资金的周转能力，降低企业的资本收益率。第二种是固定比率风险资本金管理方式，但其越来越不适应日趋波动的金融市场及复杂的经营业务。第三种方法是精确测定企业由于市场波动而导致的总体风险因素，并据此确定企业的风险资本金水平。目前更多的是采用价值与风险的评估方法（VAR方法）和压力试验方法。

第六章　现代企业财务预算管理与风险防范控制

第一节　现代企业财务预算概述

一、财务预算的概念

财务预算是现代企业重要的研究内容之一，是企业得以实现战略目标的重要保障，它在企业的经营及发展中具有十分重大的意义。通过科学、合理的财务预算，企业能够顺利地规避风险、增加利润，提高自身的综合竞争力。此外，财务预算也是全面预算体系的有机组成部分，是一种以特种预算编制与业务预算为前提而编制的综合预算，又称为总预算，主要包括预计财务报表和现金预算。编制方法通常采用增量预算和零基预算、固定预算和弹性预算、确定预算和概率预算。

在进行编制预算的工作时，为了使各个分项预算的编制紧紧围绕企业的战略规划与经营目标，企业往往采用"先入为主"的策略，也就是事先拟定出一个预算编制的总目标，作为各个部门拟定分项目标时的参照。预算编制总目标的拟定，不仅为企业全面预算的编制奠定了基础，还为审核、分析、修订及平衡全面预算提供了依据。

在编制预算的工作中，经过财务预算的系统规划、全面协调和平衡，将全面预算的各个组成部分有机组合，使全面预算的每一部分都符合企业预算期的经营总目标。当财务预算与其他预算发生冲突时，其他预算必须服从于财务预算。由此，财务预算对其他预算而言有着较强的控制及约束作用。[1]

二、企业预算管理的模式体系

确定预算的编制模式是任何预算编制机构首先应当解决的问题。由于不同的企业面临的市场环境不同，行业竞争激烈程度不同，产品的生命周期不同，同时，企业的规模与组织也不同，所以不同的企业预算编制的模式也会有所不同。

---

[1] 于广敏. 企业财务管理与资本运营研究 [M]. 长春：东北师范大学出版社，2016.

（一）传统的预算管理模式

1. 以销售预算为核心的预算管理模式

以销售预算为核心构建预算是一般管理会计教科书中介绍的预算体系。采用以销售预算为核心进行预算的编制，要求企业管理以营销管理为中心。

2. 以目标利润预算为核心的预算管理模式

企业以目标利润预算为核心的全面预算管理，是以目标利润为出发点，将某一期间为实现目标利润所须配置的经济资源及各项耗费，以货币量单位（辅之以劳动量单位和实物量单位）的预算形式表示出的企业及各部门的综合行动计划。

3. 以现金流量预算为核心的预算管理模式

以现金流量预算为核心预算编制就是主要依据企业现金流量预算进行预算管理的一种模式。按照预算的隶属关系，预算可以分为总预算和专门预算。现金流量是这一预算管理方式的起点和关键。

在企业发展日趋成熟、企业组织规模增大、会计处理方法日趋复杂的背景下，传统的非现金流量预算越来越不能满足企业管理的需要。1997年发生的东南亚金融危机的原因之一，就是很多账面业绩优秀的公司在金融风暴的袭击下，由于资产质量低，变现能力差，纷纷遭遇灭顶之灾。危机暴露出单纯运用非现金流量指标进行财务预测、决策和预算编制的漏洞。

以现金流量预算为核心预算编制，更多的意义上是从财务管理的角度出发，前述以销售、利润以及成本等为核心预算编制，则是从企业管理角度而非单纯的财务管理角度出发，具有较强的管理导向性。但是，这些方式同以现金流量为核心的预算编制方式之间具有很强的功能上的互补性和模式上的兼容性。

（二）预算管理的创新模式

1. 基于经济增加值的全面预算管理模式

经济增加值（Economic value Added，EVA）于1989年由美国的斯特恩·斯图尔特（Stem Stewart）咨询公司提出。目前，经济增加值已应用于管理目标设定、持续管理改进、业绩评价和报酬计划设计等管理领域，成为一种管理工具。

经济增加值是指经过调整后的税后净利润（NOPAT）减除该公司现有资产经济价值的使用费用后的余额。用公式表示为：

$$EVA = NOPAT - WACC \times NA$$

其中：NOPAT是指经过调整后的税后净利润，一般以报告期的经营净利润为基础，加上一些不影响现金的调整项：比如，坏账准备的增加、商誉摊销、资本化后研究开发费用的增加和递延税金增加等。但折旧不包括在这些调整中，因为经济增加值认为它是一项真正的经济成本。然后将税后利息费用加回到利润中去，以消除财务杠杆对利润表的影响。调整的目的是使 NOPAT 不受权责发生制、存货计价方法及财务资本构成的影响。

WACC 是指加权平均资本成本。用公式表示为：

WACC= 股权资本比例 × 股权资本成本 + 债权资本比例 × 债权资本成本

债权资本成本一般以企业借款利息或者债券利息为基础，扣除所得税后确定；股权资本成本一般用资本资产定价模型确定。

NA 是指经调整后的期初公司资产经济价值，一般是对资产负债表的右边进行调整。负债仅包括有利息负担的负债，同时加上研究和开发费用进行资产化处理、坏账准备、经营租赁资本化处理、递延税金和累计的商誉摊销等。调整的目的在于使企业的全部资本反映企业的经济价值。

经济增加值是扣除了所有使用的投资成本后的经济利润，反映一个公司在经济意义上是否盈利。其核心思想是：一个公司只有在其资本收益超过为获得该收益所投入的资本全部成本时，才能为股东带来价值。

2. 基于企业战略的企业预算管理模式

企业战略是在对企业外部环境和内部环境深入分析和准确判断的基础上形成的，对企业全局的长期谋划。战略的本质在于变革，在于创造和维持企业的竞争优势，对企业的发展具有决定性作用。一般来说，企业预算是战略目标的实施载体，战略目标具有宏观性、方向性的特点，而预算具有具体性、可实施性的特点。预算管理与企业战略存在必然的联系。

3. 基于作业的全面预算管理模式

近年来，作业成本计算法作为一种将间接成本和辅助资源更准确地分配到作业、生产过程、产品、服务及顾客中的成本计算方法，已经被会计界普遍认同，与之相伴随的作业管理作为一种创新的管理思维，由于其在企业管理上的重大开拓性也已被企业界广泛接受。但是，企业在预算管理下仍采用传统的按职能编制预算的方法，这必然导致按作业报告的实际成本与按职能确定的预算成本之间的不协调，也不利于调动责任单位降低成本的积极性。为了更好地确认生产经营与资源耗费之间的关系，落实员工对资源耗费的责任，有必要将作业成本原则扩展到预算领域。

4. 基于平衡记分卡的全面预算管理模式

平衡记分卡以战略为中心，将企业战略目标逐级分解转化为各种具体的相互平衡以及具有因果关系的业绩评价指标体系，并对这些指标的实现状况进行不同时段的考核，从而为战略目标的完成建立起可靠的绩效管理体系。其实质是将战略规划落实为具体的经营行动，使经营行动及员工行为都在它的战略转化框架内进行，并对战略的实施加以实时、动态的控制，所以平衡记分卡实现的远不止绩效的管理，同时还是一个战略管理系统。平衡记分卡的"平衡性"体现在财务指标与非财务指标、长期目标与短期目标、外部与内部、结果与过程、管理业绩与经营业绩等关系的平衡上。

三、预算目标的确定

实施预算管理，最重要的前提就是确定预算目标。预算目标指的是在一定的预算期内，企业的生产经营活动要达到的目标与结果。它以企业的战略规划和目标为方向，以市场预测及平衡企业内部各项资源为基础，由公司的投资者、决策者、经营者以及内部各个预算执行部门进行反复协调和测算而确定。

（一）确定原则

与其他管理手段和方法相比，预算管理具有自身的特征。由于企业内部各执行部门的层级与性质不同，它承担的预算目标也不相同。

企业要以实际的交易或事项为基础进行确认、计量与报告，真实地反映符合确认及计量要求的各项会计要素，确保会计信息的真实可靠和内容的完整、前后衔接。企业预算管理必须处于市场与企业内部组织管理两个环境之中。预算管理的市场环境，要求预算管理应以效益为出发点，企业预算管理组织由预算管理委员会和预算专职部门构成。

（二）预算指标

财务预算目标是指导企业年度生产经营活动的指标体系，它是由许多指标组成的。不同企业的指标也是不同的，比如，商业企业、工业企业、电信业、建筑业之间都会有所区别，但还有一部分指标存在相似性。预算指标通常可以分为两类，即财务性指标与非财务性指标，且预算一般情况下以财务性指标为主。

四、企业预算管理的运行体系

预算管理过程既包括预算的编制环节，也包括预算的执行与控制、预算调整与差异分析以及预算考评与激励环节，这些环节构成了预算管理的运行体系。

（一）预算目标的分解

企业整体预算目标确定后，为便于执行、控制、考评和监督，还需要采用科学的方法，分解、落实到企业各级责任单位和个人。几种预算目标分解的方式各有利弊，在实践中可以结合运用。

（二）预算的具体编制

根据前述预算管理的相关内容可知，全面预算的编制应按先业务预算、专门决策预算，后财务预算的流程进行，并按各预算执行单位所呈现经济业务的类型及其责任权限编制不同形式的预算。

1. 业务预算

业务预算反映企业在计划期间日常发生的各种具有实质性的基本活动情况，包括销售预算、生产预算、采购预算、直接人工预算、制造费用预算、产品成本预算、营业成本预算、营业与管理费用等。

2. 专门决策预算

专门决策预算包括资本预算和筹资预算。资本预算主要包括固定资产投资预算、权益性资本投资预算和债券投资预算。筹资预算主要依据企业有关资金需求决策资料、发行债券审批文件、期初借款余额及利率等编制。

3. 财务预算

财务预算围绕企业的战略要求和发展规划，以经营预算、资本预算为基础，以经营利润为目标，以现金流为核心进行编制，并主要以现金预算、预计资产负债表和预计利润表等财务报表形式予以充分反映。

财务预算是全面预算体系的最后环节，可以从价值方面总括地反映经营预算和专门决策预算的结果。财务预算具体包括现金预算、预计利润表和预计资产负债表。

（三）预算执行与控制

1. 预算执行

预算执行即预算的具体实施，它是企业预算目标实现与否的关键。预算执行前的准备工作包括：预算审查、预算分解与下达、预算讲解几个步骤。

2. 预算控制

预算控制是指依照已经制订好的行动计划或标准，对业绩进行监督和评价，其根本意图在于在不利形势造成巨大损失之前迅速采取补救行动。预算控制存在广义和狭义之分。

（四）预算调整与差异分析

1. 预算调整

预算调整是指当企业内外部经济环境或自然条件发生变化，企业原先制定的预算已不再合适时对预算进行的修改。由于预算有狭义和广义之分，因此，预算调整也有狭义和广义之分。这里仅针对狭义的预算，即企业年度预算的调整问题进行分析，主要是解决年度预算中的预算调整程序，包括预算调整时间的选择、预算调整申请、预算调整审批权限的规定及程序等。

2. 预算激励

预算管理中的激励问题就是预算管理中的奖惩问题。奖惩制度是奖励制度与惩罚制度的统称，在预算管理中就是预算激励机制和约束机制的具体落实，是预算考核的有机组成部分。西方的企业预算管理活动十分重视预算考评的激励作用，但是在我国企业预算管理实务中，预算的考评激励作用并没有得到充分的发挥，从而严重影响了预算管理的效果，亟须加以改变。

（五）预算管理的管理方法保障

预算管理不是一个孤立的管理体系，在现代市场经济条件下，它必须不断借鉴和融合其他现代管理手段和管理思想，才能有效地发挥预算管理的作用，适应环境发展的需要。预算管理需要借助的管理方法包括精益生产、敏捷制造、价值链、及时制生产及全面质量管理等。

1. 价值链

价值链（Value Chain）的概念是美国企业竞争战略专家、哈佛大学商学院教授迈克尔·波特（Michael E. Porter）在20世纪80年代提出的。波特认为，公司通过完成一系列作业而产生价值。价值链是开发、生产、营销和向顾客交付产品与劳务所必需的一系列作业的价值。价值链分析对企业的决策与管理具有重要意义。

2. 及时制生产

及时制生产（Just In Time，JIT）是日本丰田汽车公司创立的一种独具特色的现代化生产方式。它顺应时代的发展，成为今天这样包括经营理念、生产组织、物流控制、质量管理、成本控制、库存管理、现场管理和现场改善等在内的较为完整的生产管理技术与方法体系。

企业成功应用JIT的核心原则，可以概括为四点，即消除浪费、员工参与决策、供应商参与、全面质量管理。JIT是一种需求拉动型系统。JIT生产系统的目标是通过这样一种方式消除浪费，即仅当顾客需要时才生产其所需要数量的产品。需求拉动着产品经过制造过程，各项操作仅生产满足下一项操作所必需的原料或部件，直到下一道工序发出信号时，前一道工序才开始生产。部件和原材料都在生产使用的时刻及时送达。在生产流程的安排上，要保证从原材料到成品的整个过程畅通无阻，不出现瓶颈现象，这样不仅可以满足顾客需求，提高顾客服务水平，而且可以实现低水平的库存，降低成本。

3.实施企业资源计划对全面预算管理的影响

可以加强成本控制功能；有助于实现企业的战略；有利于促进企业预算管理系统的创新；实施企业资源计划是全面预算管理信息化的一个发展方向。

第二节 现代企业的业务预算与专门决策预算

一、业务预算

（一）销售预算

销售预算是以销售预测为基础，用于规划预算期销售活动的一种业务预算，是编制全面预算的出发点，也是编制日常业务预算的基础。

根据销售预测确定的销售量和销售单价计算各期的销售收入，其计算公式如下：

$$预计销售收入 = 预计销售量 \times 预计销售单价$$

在销售预算中，通常还应包括预计的现金收入，以便为以后编制现金预算提供必要的资料。预计的现金收入等于前期销售在本期收到的现金和本期销售在本期收到的现金之和。

（二）生产预算

生产预算是规划预算期内按照企业的预计产量水平而编制的一种业务预算，其主要目的是计算预算期的预计生产量。它是在销售预算的基础上编制的，并可以作为编制材料采购预算和生产成本预算的依据。生产预算是所有业务预算中唯一只使用实物量单位编制的预算。编制生产预算的主要依据是预算期各种产品的预计销售量及存货期初期末资料。具体计算公式为：

$$预计生产量 = 预计销售量 + 预计期末产品存货量 - 预计期初产品存货量$$

公式中预计销售量来自销售预算，预计期末存货量通常按下期预计销售量的一定百分比确定，预计期初存货量即为上期的预计期末存货量。

生产预算的编制，除了考虑计划销售量外，还要考虑现有存货和年末存货的预计水平，以避免存货太多形成积压或存货太少影响下期销售。

(三) 材料采购预算

材料采购预算是指在预算期内,根据生产预算来确定的材料采购数量和材料采购金额的计划。

材料采购预算以生产预算为基础,按照生产预算预计的生产量,以及单位产品的直接材料消耗量,确定生产需要耗用量,再根据材料的期初期末结存情况,便可以确定材料采购量,公式如下:

某种材料预计耗用量 = 产品预计生产量 × 单位产品定额耗用量

某种材料预计采购量 = 某种材料预计耗用量 + 某种材料预计期末结存量 − 某种材料期初结存量

公式中"某种材料预计期末结存量"可根据下季度生产需要量的一定比例加以确定,"某种材料期初结存量"是上期的期末余额。

根据计算所得到的预计材料采购量,不仅可以安排预算期内的采购计划,同时也可得到材料的预算额,公式如下:

某种材料预算额 = 某种材料预计采购量 × 材料单价

为便于编制现金预算,在材料采购预算时,通常还包括材料采购方面预期的现金支出的计算,包括上期采购的材料将于本期支付的现金和本期采购的材料中应由本期支付的现金。

(四) 直接人工预算

直接人工预算是根据预计生产量对一定预算期内直接人工工时的消耗和直接人工成本所做的业务预算。

直接人工预算是根据预计生产量、单位产品直接人工工时定额及单位工时工资率进行编制的。预计生产量来自生产预算,单位产品直接人工工时定额可从生产管理部门和工程技术部门获得,单位工时工资率来自企业人事部门工资标准和工资总额。

直接人工预算的编制,应按不同的工种分别计算,再予以合计,即可求得预计直接人工成本的总数。其计算公式为:

预计直接人工总成本 = 预计生产量 × Σ(单位工时工资率 × 单位产品直接人工工时定额)

(五) 制造费用预算

制造费用预算反映了生产成本中除直接人工和直接材料以外的间接生产费用预算。制造费用按其与业务量之间的关系，可分为变动性制造费用和固定性制造费用。固定性制造费用可在上年的基础上根据预期变动加以适当修正进行预计，具体计算时应区分不同费用项目进行，按项目逐一确定预算期的固定费用预算。变动制造费用预算，也应按照不同费用项目逐一分解，根据单位变动制造费用分配率和业务量确定各项目的变动制造费用预算数。业务量一般用直接人工总工时、机器工时等指标。变动制造费用预算分配率计算公式为：

变动制造费用预算分配率 = 预计变动性制造费用 / 分配标准

在编制制造费用预算时，为方便现金预算编制，还需要确定制造费用预算的现金支出部分。由于固定资产折旧费是非付现项目，在计算时应予剔除。

制造费用预算分为两个步骤，首先计算预计制造费用，然后再计算预计须用现金支付的制造费用，各自的计算公式为：

预计制造费用 = 预计变动性制造费用 + 预计固定性制造费用

预计须用现金支付的制造费用 = 预计制造费用 − 折旧

在实际工作中，产品成本预算可以按照完全成本法编制，也可按变动成本法编制。其区别主要是在对固定性制造费用的处理上，变动成本法将制造成本按性态分为变动性制造费用和固定性制造费用。将变动性制造费用计入成本，将固定性制造费用与非制造费用一起列入期间成本。完全成本法则将制造费用全部计入产品成本。

（六）产品成本预算

产品成本预算是反映预算期内企业各种产品成本而编报的一种业务预算，包括产品的单位成本、生产成本、期末结存存货成本和销售成本等。产品成本预算是在生产预算、材料采购预算、直接人工预算和制造费用预算的基础上编制的，同时，产品成本预算也为编制预计利润表和预计资产负债表提供数据。产品生产成本预算的要点，是确定单位产品预计生产成本和期末结存产品预计成本。相关计算公式为：

单位产品预计生产成本 = 单位产品直接材料成本 + 单位产品直接人工成本 + 单位产品制造费用

期末结存产品成本 = 期初结存产品成本 + 本期产品生产成本 − 本期销售产品成本

值得注意的是，存货发出的计价方法有很多，有先进先出法、加权平均法、个别计价法等，在计算期初结存产品成本和本期销售成本时，应该根据具体的存货计价方法确定。

（七）销售及管理费用预算

销售及管理费用预算是指为计划预算期与组织产品销售活动和日常经营管理活动有

关的费用支出而编制的一种业务预算，也称营业费用预算。它的编制方法与制造费用编制方法类似。

为了便于编制现金预算，在编制销售及管理费用预算的同时，还要编制与销售及管理费用有关的现金支出计算表。销售费用及管理费用的大部分属于现金支出，但固定资产折旧费、低值易耗品摊销、计提坏账准备金、无形资产摊销和递延资产摊销均属不需要现金支出的项目，在预计现金支出时，应予以扣除。

二、专门决策预算

（一）资本预算

资本预算是指与项目投资决策相关的专门预算，包括固定资产投资预算、权益性资本预算和债券投资预算。编制资本预算的依据是项目财务可行性分析资料。

资本预算的要点是准确反映项目资金投入，它同时也是编制现金预算和预计资产负债表的依据。

（二）一次性专门业务预算

一次性专门业务预算是指资金筹集以及收益分配活动的专门预算，包括资金筹措预算、交纳税金、发放股利预算等。一次性专门业务预算也是编制现金预算和预计资产负债表的依据。

第三节　现代企业的总预算

一、现金预算

现金预算主要反映预算期内预计现金收支的详细情况，是各项经济活动有关现金收支方面的汇总反映，它是以业务预算和专门决策预算为依据编制的。现金预算是企业现金管理的重要工具，它可以帮助企业有效地对资金进行控制，能够减少经营过程中的风险，降低资金的使用成本，提高资金的使用效率。须特别说明的是，现金预算具有现金流量表的特性，因而，本书不再单独介绍预计现金流量表的编制。

现金预算由现金收入、现金支出、现金多余或不足、资金的筹集和运用四个部分组成。

（一）现金收入

现金收入部分包括期初现金余额和预算期现金收入。现金收入的主要来源是销货收入。其中，"期初现金余额"是在编制预算时预计的；"现金收入"的数据来自销售预算；"可供使用现金"是期初现金余额与本期现金收入之和，即：

$$期初现金余额 + 现金收入 = 可供使用现金$$

（二）现金支出

现金支出部分包括预算的各项现金支出，即材料、人工、制造费用、销售及管理费用等业务预算里的现金支出，专门决策预算里的资本性支出和所得税、股利分配等现金支出。

（三）现金多余或不足

现金多余或不足是可供使用现金与现金支出合计的差额。差额为正，说明可供使用现金大于现金支出，企业资金有多余；差额为负，说明可供使用现金小于现金支出，企业资金不足。

$$可供使用现金 - 现金支出 = 现金余缺$$

（四）资金的筹集和运用

资金的筹集和运用是根据预算期现金收支的差额和企业有关资金管理的各项政策，确定筹集和运用资金的数额。如果资金不足，可通过借款或其他方式融资；如果资金多余，则可以考虑还本付息，购买有价证券等，关系公式如下：

$$现金不足：现金余缺 + 现金筹措 = 期末现金余额$$
$$现金多余：现金余缺 - 现金投放 = 期末现金余额$$

二、预计利润表

预计利润表是用来综合反映企业在计划期预计销售收入、销售成本和预计可实现的利润或可能发生的亏损，是企业最主要的财务预算表之一。它是在业务预算、专门决策预算和现金预算后编制的。预计利润表可以揭示企业预期的盈利情况，有助于管理人员及时调整经营策略。

三、预计资产负债表

预计资产负债表是反映企业预算期期末财务状况的总预算，是全面预算的终点。它是依据前期期末资产负债表和全面预算中的其他预算所提供的资料编制而成的。预计资产负债表可以为企业管理当局提供会计期末企业预期财务状况的信息，它有助于管理当局预测未来期间的经营状况，并采取适当的改进措施。

第四节　现代企业预算风险与防范控制

企业管理者对待预算的态度可以用"欲罢不能"来形容。如果不编预算，则胸中无数，心里不踏实；如果编制预算，则耗时费力，年终将实际执行情况和预算目标一一对比，大相径庭，预算似乎没有起到什么作用。这一现象本身说明企业预算管理过程中存在很大的风险。本章主要从预算编制、执行和考核三个环节阐述预算风险管理，在每个环节进行预算风险的识别和控制。

一、预算风险管理概述

企业的 CFO（Chief Finance Officer）大都有这样的深切体会：预算指标下达后，往往支出、费用好落实，收入、利润难实现，也就是"花钱容易挣钱难"。这主要是因为管理者没有充分认识到预算的固有缺陷，没有将企业的战略、业务计划和预算协调好，没有根据企业所处的行业特点、经营策略和管理水平选择适当的预算管理方式，没有正确识别、评估和管理好预算管理各环节的风险，在预算管理中也没有很好地运用现代的、科学的预算管理理念、思想和方法。

"凡事预则立，不预则废。"企业要想取得持续的成功，就必须不断提高规划、计划和预算的能力，不断改进企业的预算管理工作，不断提高预算的执行力。

预算管理是一个持续改进的过程，主要由以下三个环节构成：

1. 预算的编制环节。其包括预算目标的确定，根据预算目标编制、汇总与审批预算。

2. 预算的执行与控制环节。在这一过程中，非常重要的就是预算执行情况的反馈与分析，并根据变化了的环境进行预算的修正与调整。

3. 预算的考核与评价。预算管理的每个环节都存在一些风险，需要设计相应的内部控制程序和流程加强管理。

企业经营既要有规划性，又要有计划性。预算管理就是计划性的一种体现。有了良好的预算管理，企业经营就会在有序的轨道上运行；倘若企业忽视了预算管理，就将处于财务风险之中。

二、预算风险的识别

识别财务预算风险，主要应识别以下风险：

1. 识别财务预算编制风险。其具体包括：编制的预算脱离实际；财务预算未经有效审批。

2. 识别财务预算执行风险。其具体包括：未形成全方位的财务预算执行责任体系；未将年度预算细分为月份和季度预算，以分期预算控制确保年度财务预算目标的实现；对于预算内的资金拨付，未按照授权审批程序执行；各预算执行单位未定期报告财务预算的执行情况。

3. 识别财务预算调整风险。其具体包括：财务预算调整不符合调整条件；财务预算调整未经有效审批；财务预算调整事项偏离企业发展战略和年度财务预算目标。

4. 识别全面预算考评风险。其具体包括：财务预算考评未正确评估企业及各单位在预算期的风险水平和经营形势，寻找企业及各单位与同行业的差距及产生的原因，以便采取措施防范风险；财务预算考评结果不公正，影响了员工的积极性。

三、预算风险的评估

1. 企业应当建立财务预算分析制度，由预算管理委员会定期召开财务预算执行分析会议，全面掌握财务预算的执行情况，研究、落实解决财务预算执行中存在问题的政策措施，纠正财务预算的执行偏差。

2. 开展财务预算执行分析，企业财务管理部门及各预算执行单位应当充分收集有关财务、业务、市场、技术、政策、法律等方面的信息资料，根据不同情况分别采用比率分析、比较分析、因素分析、平衡分析等方法，从定量与定性两个层面充分反映预算执行单位的现状、发展趋势及其对预算执行和完成的影响。针对财务预算的执行偏差，企业财务管理部门及各预算执行单位应当充分、客观地分析偏差产生的原因及其对预算执行的影响，提出相应的解决措施或建议，提交董事会或经理办公室研究决定。

3. 财务预算的差异分析。第一阶段差异分析是将预算的执行进度和结果的计量数据与预算指标加以比较：如果无差异，则结束差异分析；如果差异在允许的范围内，则结束差异分析；如果差异超出允许的范围，则进入第二阶段差异分析。第二阶段差异分析主要是对差异进行更深入的分析，以确定应对差异负责的部门：完全由本部门对差异负责；由本部门和其他部门共同负责；由其他部门负责；由整个企业对差异负责。第三阶段差异分析的内容主要是在差异责任单位的配合下，或者由差异责任单位主导，对差异进行全面、详细、深入的分析，以确定造成差异的原因：现在的有关管理制度、业务流程规定或操作规定不合理或过于复杂，难以使用；管理人员和员工的工作未遵守有关规定；企业外部环境因素导致。

4.从企业的角度看，评价财务预算风险可选择的预算指标有：投资报酬率、剩余利润、销售利润率等。

四、预算风险的控制

财务预算风险管理的具体目标是：规范预算编制、审批、执行、分析与考核；提高预算的科学性和严肃性；促进实现预算目标。

（一）预算编制的风险及其管理

1.预算编制的风险

预算编制环节是预算实施的起点，因此，识别该阶段的主要风险相当重要。预算编制环节包括预算目标设定与下达、预算编制与上报、预算审查与平衡以及预算审议批准等工作。该环节的主要风险如下：

第一，企业使命、愿景的陈述过于宽泛或狭窄，缺乏长远的目标与战略规划。例如，一些企业对长远目标的表述是"做国际一流的企业"。

第二，经营战略不明晰，职能战略不配套。例如，某上市公司的经营战略是"资本加技术，发展与合作"，这样的经营战略太笼统、太模糊。

第三，规划（五年、十年）与年度经营计划的联结不够紧密，对企业内部管理、外部环境的分析不够透彻，总部与分支机构在预算目标上"讨价还价"，造成年度目标过低或过高，预算目标的可靠性差。

第四，部门内部和部门之间的计划缺乏协调性，容易发生公司资源分配的冲突。例如，销售预算、生产预算不能与资本预算相结合，则可能会使部分有效订单不能实现。

第五，预算指标单一。有些企业的预算指标主要是收入和利润，甚至不编制预计的资产负债表和现金流量表，只编制预计的损益表。

第六，不能根据变化了的情况修正预算"假设"。预算的编制是建立在一系列假设之上的，这些假设包括原材料价格、销售价格、员工薪酬、税收和其他政策环境情况等。不少企业在编制下一年的预算时，往往不能及时根据变化的环境，及时修正这些假设。

第七，预算编报不及时。有些企业从上年11月、12月就开始编制预算，当年2月、3月才下达预算，待预算下达时，往往时过境迁，为时已晚。

2.预算编制风险的管理

预算编制风险管理的目标是：企业持续、健康发展；股东、员工合理回报；预算先进、合理。预算编制环节的风险管理主要应侧重于以下方面：

第一，做好企业的使命、远景、战略方向、战略规划、年度业务计划与财务计划（预算）的协调工作。战略方向确认企业进入某一产业领域的限制条件和战略目标；战略规划是在限制条件下做出的战略决策或大致的行动方案；年度业务计划与预算则决定着如何实施战略，也就是更为详细的行动计划。例如，国内一家中药厂商的长远目标是成为国内中药企业前三名，衡量的指标是销售收入。其具体的年度经营目标是：计划年度销售收入比上年增长40%，销售费用率控制在25%左右，销售收入再按区域、渠道、产品结构等进行分解。其实现目标的战略是：产品销售向终端（医院、药店）转移；加强与代理商的合作，拓展新的销售区域；利用资金优势，加强产品研发，更新生产与检测设备，提高产品质量等。

第二，企业预算目标是否科学、合理，是预算管理成败的关键。①加强基础数据的采集与管理，使预算目标的确立建立在可靠的基础之上。例如，通过切片分析，公司的经理可以了解历年各个季度、各个地区直接销售或间接销售的情况，各种各样的切片分析的综合运用，称为"多维分析"。通过切片分析，再运用钻取技术以及特别报告，公司的决策者可以查找出以往年度未实现或超额完成各项预算的原因，结合公司外部环境与营销策略的改变，将计划期的销售与利润预测建立在科学可靠的基础之上。②提高预测的准确性。企业需要及时地分析外部环境变化、竞争对手的经营策略，正确确定企业的销售收入、成本、费用和利润目标。并且，为了提高预测的准确性，预测还需要从整体上进行。整体预测可以避免不切实际的假设，以及内部各指标预测的不协调。例如，在预测销售收入与盈利增长的同时，还需要考虑销售收入的增长所需要的营运资本和机器设备的增长，以及资产增长所需要的资金来源。

第三，通过对上年经营业绩的分析，根据企业的经营水平、季度变化、行业发展趋势以及成本的可控性等因素，给各部门下达切实可行的目标。预算目标体系应该在短期与长期、财务与非财务、领先与滞后、内部与外部之间取得正确的平衡，否则就会给预算的执行和考核造成隐患。在这方面，可以借鉴平衡计分卡的指标体系。

第四，企业特别是大型企业应该运用先进的预算管理软件，不断提高预算编制、汇总的自动化程度，以便预算能够及时地上传下达，避免企业的经理们被淹没在海量数据的计算、审核之中，从而影响企业长远规划、经营战略的制定与执行。

第五，企业应当加强对预算编制环节的控制，对编制依据、编制程序、编制方法等做出明确规定，以确保预算编制依据合理、程序适当、方法科学。

第六，企业应当明确预算管理部门和预算编制程序，对预算目标的制定和分解、预算草案编报的流程和方法、预算汇总平衡的原则与要求、预算审批的步骤以及预算下达执行的方式等做出具体规定。

第七，企业年度预算方案应在预算年度开始前编制完毕，经企业最高权力机构批准后，以书面文件形式下达执行。实行滚动预算的企业，其审批程序比照年度预算方案执行。

第八，企业可以选择或综合运用固定预算、弹性预算、零基预算、滚动预算、概率预算等方法编制预算。企业确定预算编制方法，应当遵循经济活动规律，并符合自身经济业务特点、生产经营周期和管理需要。预算编制应当实行全员参与、上下结合、分级编制、逐级汇总、综合平衡。企业预算管理部门应当加强对企业内部预算执行单位预算编制的指导、监督和服务，对预算编制不及时或不符合规定要求的单位，应及时做出报告。

（二）预算执行的风险及其管理

1. 预算执行环节的风险

企业预算的执行环节，具体包括预算执行与控制、预算分析与反馈、预算调整等。该环节的主要风险有：

第一，各责任中心控制重点不明确。

第二，不能正确地核算产品成本，造成产品定价错误，影响了企业产品的竞争力或盈利目标的实现。

第三，预算分析报告缺乏历史的、基本的业务数据，缺乏行业数据，缺乏与竞争对手的比较，对业务数据的分析不够深入，不能揭示经营中存在的风险，不能对经营策略改变的财务后果进行评估。

第四，不能根据外部环境和市场变化适时调整业务计划与预算，从而造成企业资源的错误配置，或不按规定的程序随意调整预算。

第五，预算执行与控制不力、效果差。其表现在企业预算越权审批、重复审批和预算执行随意，从而导致企业全面预算工作无法开展，预算目标难以实现。其原因在于：预算指标未细化，导致预算执行没有具体目标可依，预算执行盲目；缺少有效的预算监控、反馈及报告体系，使得执行过程中无监督，事后不能及时反馈与分析；预算的审批权限和程序不清晰或者未严格执行授权审批制度；各责任中心和部门的控制重点不明确，使得全面预算目标难以实现。

2. 预算执行环节的风险管理

财务预算执行控制的目标包括：刚性约束各项经济活动；全面完成企业董事会下达的各项目标；正向激励，奖优罚劣。全面预算的执行主要任务是预算执行、计量实际执行结果、审计计量数据、进行差异分析和编写反馈报告。对于预算执行与控制环节的风险管理，企业应重点做好以下工作：

第一，确定企业内部各责任中心预算的控制重点。企业的预算，从内容上看，由销售预算和生产预算构成；从层次上看，包括分支机构的预算和本部职能部门的预算。不少企业将大量的精力放在管理费用和生产成本的控制上，而对销售收入的完成情况及存货、采购成本的控制重视不够。销售收入和存货、采购成本恰恰是大多数企业预算执行情况不好的主要因素。

第二，适应外部环境的变化，正确核算产品成本。不少企业，特别是大型企业，采用材料计划成本和劳动定额的方式来核算企业的产品成本。但市场环境瞬息万变，企业必须及时修订材料的计划价格、消耗定额以及劳动定额，否则就会造成成本核算的严重失真。

第三，将费用控制与价值创造相结合。有些企业犯有"大企业病"，行政建制的观念依然很强，员工出差只能坐火车，老总出差才能坐飞机，不能将费用支出与价值创造统一起来进行考虑；有些企业的职能部门，本来费用预算有结余，支出也可以避免，但在年终突击花钱，以使来年预算宽松。

第四，企业应建立预算执行预警机制，提高预算执行分析报告的质量。预算执行情况的分析报告是控制的基础，也是企业预警机制的重要组成部分。分析报告应该能够反映企业经营战略的实现程度。

第五，关于预算的调整，过于强调预算的刚性或严肃性是一种不理智的行为。如果企业出现以下情况，应及时、主动地调整预算：国家政策法规发生重大变化，致使预算的编制基础不成立，或导致预算与执行结果产生重大偏差；市场环境、经营条件、经营方针发生重大变化，导致预算对实际经营不再适用。

第六，企业应当加强对预算执行环节的控制，对预算指标的分解方式、预算执行责任的建立、重大预算项目的特别关注、预算资金支出的审批要求、预算执行状况的报告与预警机制等做出明确规定，确保预算严格执行。

第七，企业应当建立预算执行责任制度，对照已确定的责任指标，定期或不定期地对相关部门及人员的责任指标完成情况进行检查，实施考评。

第八，企业应当以年度预算作为预算期内组织、协调各项生产经营活动和管理活动的基本依据，将年度预算细分为季度、月度等时间进度预算，通过实施分期预算控制，实现年度预算目标。

第九，企业对重大预算项目和内容，应当密切跟踪其实施进度和完成情况，实行严格监控。企业应当加强对货币资金收支业务的预算控制，及时组织预算资金的收入，严格控制预算资金的支付，调节资金收付平衡，严格控制支付风险。

第十，企业应当建立预算执行情况内部报告制度，及时掌握预算执行动态及结果。预算管理部门应当运用财务报告和其他有关资料监控预算执行情况，及时向企业决策机构和各预算执行企业报告或反馈预算执行进度、执行差异及其对企业预算目标的影响，促进企业完成预算目标。

（三）预算考核的风险及其管理

1. 预算考核环节的风险

预算考核环节的风险主要包括：

第一，预算考核流于形式。比如，有些企业在年终进行预算考核时，当一些分公司和子公司没有全面完成预算目标时，分公司和子公司的经营班子只需要强调一下外部环境的变化、竞争的加剧等客观因素，考核往往就顺利通过。

第二，业绩操纵。近年来，有的预算单位发现预算目标难以完成时，往往会进行业绩操纵。特别是当年预算目标比较单一时，概率会大大增加。业绩操纵的手段很多，包括提前确认收入、延迟必要的费用支出、增加存货等。

第三，仅根据预算执行结果对各预算单位进行业绩评价和相应的激励，考核不全面。有些企业的预算考核，考核指标的定义模糊，不仅不能量化，且权重过大。例如，有些企业的分支机构，其预算目标完成得很好，应该得到较高的货币或非货币形式的奖励，但总部考核部门往往以管理水平低、企业文化建设差等指标压低对预算单位的业绩评价，从而扭曲了企业的绩效考核。

2. 预算考核环节的风险管理

加强预算考核环节的风险管理的措施包括以下方面：

第一，建立科学的业绩评价制度（绩效考核的多重标准），妥善解决预算管理中的行为问题。企业的业绩评价一定要与预算的目标体系有良好的协调。这样，预算考核的主要内容就是比较预算目标和实际执行结果，避免考核中的意见分歧和讨价还价。例如，国内某家上市公司在某年末对各子公司进行预算考核时发现，各子公司在预算报告中都认为其完成了预算的主要目标（收入、利润），但各子公司的财务报表以及集团合并的财务报表却显示巨额亏损。其主要原因就在于预算目标的定义不清晰以及各子公司的业绩操纵。在收入确认上，一些子公司的预算报告中，只要与客户签订了合同、产品已经发出就确认为收入，甚至将一些产品尚未发送到客户手中的订单也全部确认为收入。

第二，明确预算考核的内容。预算考核的内容有两类：预算目标的考核和预算体系运行的考核。预算目标的考核侧重经营的效率和效果，包括收入、利润、资产周转率等财务指标,市场占有率、客户满意度等非财务指标,以及研发、广告宣传、渠道拓展等长期指标。预算体系运行的考核是对企业各预算部门预算管理水平的考核。例如,预算编制的准确性和及时性、预算执行力;预算调整是否按程序进行;预算分析报告的质量等。国内不少企业往往忽视了对预算体系运行的考核,所以,虽然年年做预算,但预算管理水平始终提不高。

第三,加强预算考核的严肃性。企业应当建立严格的绩效评价与预算执行考核奖惩制度,坚持公开、公正和透明的原则,对所有预算执行单位和个人进行考核,切实做到有奖有惩、奖惩分明,不断提升预算管理水平。

第四,预算年度终了,财务预算委员会应当向董事会或经理办公室报告财务预算执行情况,并依据财务预算完成情况和财务预算审计情况对预算执行单位进行考核。

第五,企业内部预算执行单位上报的财务预算执行报告,应经本部门、本单位负责人按照内部议事规范审议通过,作为企业进行财务考核的基本依据。

第六,企业财务预算按调整后的预算执行,财务预算完成情况以企业年度财务会计报告为准。

第七,企业财务预算执行考核是企业绩效评价的主要内容,应当结合年度内部经济责任制考核进行,与预算执行单位负责人的奖惩挂钩,并作为企业内部人力资源管理的参考。

第七章 现代企业财务风险防范的实践研究

第一节 保险企业财务风险的防范控制研究

保险企业是风险经营企业中的代表类型之一，相比一般企业其财务风险以及可能会造成的损失要更大一些。近年来，随着改革开放的深入推进以及市场化机遇的到来，保险企业在迎来发展机遇的同时也面临着很多全新的挑战，很多企业在发展过程中出现了财务风险，为其发展带来了危机。

因此，在保险企业经营与发展的过程中必须加强对自身财务风险的防范与控制。

一、保险企业财务风险概述

金融风险是保险企业成立以来不可避免地面临的现实问题，作为市场商业风险主体的保险公司在业务发展中注重识别、预防和控制自身的金融风险，以减少风险。风险出现在当前的市场环境中，保险公司的财务风险相对不足以支付，并且债务匹配、投资回报率较低。相比传统生产或服务企业，保险企业在经营管理上还存在一定的差异，因此，财务风险的特点也比较强。

首先，保险企业在保险金赔偿上须预先收取客户保费，保费的收取、赔偿金支付二者存在较长的时间跨度。因此，保险企业在会计核算上经常会有效益不均的情况发生。

其次，目前从保险产品范围来看，其范围已非常广泛，涉及的产品经营赔付期限也非常广泛，但是在其经营管理过程中进行的市场投资依然存在一些问题，如投资期限短、品类单一等，在这些问题的影响下，保险企业可能会出现资产负债不匹配的问题，对保险金赔付造成不良影响。

最后，保险公司理赔须由理赔人员进行调查，如若审核缺少严谨性，必然会出现保险企业财务资金流转问题，甚至可能会发生逆向承保等问题。

二、保险企业财务风险防范与控制的作用

（一）有利于经济效益的提升

随着保险行业的快速发展，行业的竞争压力也在快速提升，在这种情况下要想获得更

多的市场份额，企业必须对自身的财务管理、风险防范等问题加以重视，并着手建立财务风险控制与管理体系。

完善的财务风险控制体系可有效把握和控制财务管理人员的工作流程、范围与职责，确保企业财务管理工作更为有序，不仅可以提升财务管理各项工作的有序性，同时还可降低财务管理人员的工作强度。除此之外，财务管理人员的工作效率将得到明显提升，可在完成财务核算工作之后，对财务风险的管理模式进行创新，使其财务风险防范控制能力得到提升，降低财务风险造成的损失。

（二）有利于现阶段战略规划的实现

保险企业要想获得持续性的发展，就必须按照各阶段的实际情况科学设置经营发展目标，并且按照这一目标积极创新、签订保险产品，并且开展投资、筹资等相关活动。需要特别注意的是，以上经营活动在盈利的同时，也必然伴随着财务上的风险。完善保险企业财务风险防范体系可确保企业中各项规划的顺利开展，同时确保企业经营管理与战略规划需求相符，最终形成较好的发展趋势。

三、保险企业财务风险的表现形式

（一）缺少有效的监督机制

随着社会经济的快速增长，我国保险企业的数量也在持续增长，在这种情况下保险行业市场竞争变得日益激烈，一些保险企业一味追求扩大市场份额，对内控合规管理不够重视，出现了打价格战、不正当竞争等不良行为，造成企业盈利能力持续下降，同时其财务风险也在明显增加。

（二）偿付能力不足

对于小规模保险企业来说，在开展业务时大多只是对同行业企业进行复制，如果经营管理水平不高，则很难与大保险公司展开竞争，甚至会出现保险基金本息很难收回、对外投资亏损等问题，在这种情况下就会造成保险企业在理赔支付时的一些困难。由于缺乏赔付标准与监督控制环节，经常会出现业务员的非法操作行为，造成企业偿付能力不足，甚至会出现亏损、倒闭的后果。

（三）财务核算确认计量风险

1. 准备金风险

事先收取的保费仅为企业资产，只有保险期过后才能划入企业保险收入之中，保险期最短时间为1年之内，最长可能会长达数十年甚至终身，很多保险企业都存在提取保险金不足的问题，如果此时出现了巨额赔付的问题，企业势必会面临巨大的财务风险，甚至影响现金流与企业以后的偿付能力，同时还可能会出现被保人解约的现象。

2.公允价值评估计量风险

为了确保偿付能力不下降，一些保险企业在会计准则上利用漏洞问题对投资不动产进行多次评价估值，出现了滥用公允价值计量标准的问题，此时纸面上的财务掩盖了保险公司的实际资产，如果不动产进入下行通道之中，那么"经济泡沫"势必会破裂，财务风险也由此产生。

四、保险企业财务风险的防范以及控制措施

财务风险防范与控制的措施是多种多样的，保险企业财务风险防范与控制的方法相对灵活，管理者应该在日常经营管理中积极探索，制定符合自身发展的财务风险控制制度，以确保其在激烈的市场竞争中脱颖而出。

（一）树立科学有效的财务风险防范意识

要想达到预防和控制财务风险的目的，一方面，保险企业要对风险防范控制问题高度重视，意识到开展这项工作的重要意义，形成科学有效的财务风险防范理念。具体来说，管理人员应该充分发挥自身的带头作用，在企业内部积极宣传并主动学习，形成正面的、良好的防范风险的氛围。另一方面，须根据企业的实际情况，综合市场发展的现状，树立财务风险管理防范理念，运用现代化信息技术整合保险企业财务信息，共享财务资源。应从事前、事中与事后形成完整的财务风险控制闭环，加强事前的预测、事中的管理与控制以及事后的反馈，对财务风险可能发生的各环节进行有效管理，在最大限度上降低财务风险，以提升企业在市场经济中的竞争力。

（二）建立完善的财务风险预警体系

对于保险企业而言，完善的财务风险预警体系可帮助其识别、分析可能会出现的风险因素，同时，及时将预警报告提交给企业，为企业实施财务风险控制与方法提供必要的依据。保险企业应对财务风险预警体系的建立引起高度重视，在开展具体工作的时候，可以从以下三方面来建立并完善风险预警机制。

首先，应关注数据、信息支持的重要性，科学建立数据信息分享平台，积极收集、整合、分析行业数据信息，并在企业内部高效共享、流通这些数据信息，为建立财务风险预警体系奠定信息化基础。

其次，企业应该提升自身辨别、分析风险的能力，对于可能会影响企业财务风险的相关因素进行规范，从而高效识别相关风险因素。

最后，企业应合理运用数据理论与信息技术，建立起风险预警模型，最终达到量化企业财务风险的目的。

（三）分类规范管理财务风险控制目标

在财务风险管理工作中，首先应针对财务风险控制设定目标，然后按照侧重角度不同划分控制目标的层次，从而使风险控制目标与整体战略规划相符。财务风险层次划分包含以下三个层次：第一层，财务风险控制目标应与企业整体经营战略规划相符；第二层，财务风险控制目标应进一步划分整体目标，即细化分解总体目标；第三层，财务风险目标应强化财务风险防范意识，加强对相关风险防控理论的宣传，最终借助这种方式让相关工作人员加强对风险控制制度的理解。

（四）提升财务风险管理人员专业能力

保险企业财务风险管理对工作人员的专业素质与工作水平提出了较高要求，管理人员专业能力的高低直接决定了企业财务风险防范与控制的效果，因此，必须全面提升工作人员的专业能力。

首先，企业应该在招聘风险防控人才时提升门槛准入，建立并完善人才招聘、晋升的相关机制，积极引进并留住高素质、经验丰富的人才。

其次，对于企业内部人员，应进一步提升其专业能力，可定期组织相关人员参加有关风险管理与控制的专业知识讲座、理论培训等，同时加强与行业相关企业的沟通和交流，充分借鉴其管理上的理论与经验，并且根据自身的实际情况调整优秀理论，使这些管理理论更加符合自身的实际情况。

最后，企业应定期考核风险防控管理人员的绩效，建立相对完善的奖惩机制，可将考核的结果和晋升通道、薪资待遇挂钩，最终提升风险管理人员的工作能力，激发其工作热情。

第二节 电力企业财务风险的防范控制研究

一、电力企业财务发展概述

与一般的处于市场竞争程度比较充分的行业中的企业不同，我国的电力企业面临的市场竞争程度不够充分，其生产经营活动除了具有市场化导向的特征之外，还要在一定程度上体现政府的意志和要求，这是由于我国社会主义市场经济的性质以及电力行业对于维持国民经济正常运转的重要作用决定的。这使得我国绝大部分的电力企业长期以来都存在一定程度的垄断优势，加之政府对电力行业的"预算软约束"倾向，使得我国电力企业普遍存在投资效率低、经营活动僵化、风险管控机制不严密等问题，这些问题最终会反映在财务活动中，表现为财务风险，并且随着我国对电力行业的市场化改革不断深入，特别是近年来推行的国企分类管理改革，使得电力行业原有的经营局面发生了变化，加之"竞价上网"制度的实施，更是使得电力企业原有的潜在财务风险被放大，财务风险甚至已经成为制约电力企业投资和融资活动的障碍，因此，如何合理防范和控制财务风险，成为电力企业管理层普遍关注的问题。

二、合理防范和控制财务风险的重要性

既然财务风险已经成为影响电力企业投资活动、筹资活动和生产经营持续性的重要障碍，那么电力企业管理层首先要充分认识到防范和控制财务风险的意义所在，只有认识到位，才能积极采取行动，合理管控财务风险。

（一）有利于提高电力企业财务管理水平

与其他商业性质较强的行业不同，就生产经营活动而言，电力企业普遍具有较大规模的固定资产，且资产价值量相对较高，特别是"厂网分开"之后，电力企业的财务活动变得更加复杂，潜在的财务风险点增多。而合理防范和控制财务风险需要较高水平的财务管理实务作为保障。比如，财务管理中核算的准确性、财务管理中对投资项目分析的适当性等方面都有助于合理防范和控制财务风险。从另一个角度看，如果电力企业管理层对财务风险的可接受容忍度较低，则会有利于推动电力企业财务管理水平的提高。

（二）有利于提高内部控制水平

与财务管理制度一样，企业的内部控制制度的着眼点同样在于管控风险，只不过相比于财务管理制度，内部控制制度更加倾向于顶层设计。长期以来，由于内在的行业垄断优势，我国的电力企业的内部控制制度相对薄弱，这也是财务风险频发的原因。随着电力企业管理层对财务风险防范与管控的重视程度提高，必然会推动电力企业的包含内部审计在内的内部控制制度的完善。也就是说，电力企业对财务风险的防范和控制措施在某种程度上推动了内部控制制度的完善。

（三）有利于控制经营风险

与财务风险不同，企业的经营风险更具有普遍性，并且往往与财务风险相伴生，甚至有的研究将财务风险纳入广义的经营风险框架。但为了突出重点，本节将二者作为两种风险形式进行探讨。如果财务风险不能得到合理防范与控制，其结果表现为对企业现金流量的制约，进一步发展，将最终使企业陷入财务困境，财务风险最终转化为经营风险，因此，财务风险实质上在很多情况下，是企业经营风险的导火索。正因为如此，合理防范和控制财务风险，对于降低经营风险，维持企业生产经营活动的持续性，具有十分重要的意义。

三、电力企业面临的财务风险的种类

前文主要阐述了财务风险的防范与控制对于电力企业而言的重要作用。基于此，本部分将进一步围绕电力企业财务风险防范与控制这一主题，进一步深入分析电力企业面临的财务风险的种类，只有明确了财务风险的种类，才能帮助电力企业管理层和财务部门在识别财务风险的过程中有的放矢，并为进一步制定财务风险防范和控制措施提供条件。对于我国电力企业而言，其面临的财务风险主要包括以下三种类型。

（一）投资风险

所谓投资风险，财务理论将其解释为因为企业进行非效率投资而产生的投资损失所导致的风险。企业非效率投资主要包括投资过度和投资不足，但鉴于我国对电力需求的不断增大，电力企业的非效率投资更多地表现为投资过度。投资过度具体表现为电力企业为了扩大竞争优势和市场份额，承担了超过本企业财务支持能力的项目，或者同时承接不同的项目，给电力企业的财务造成了很大压力，在这种情况下，如果不能有效提高资金周转率，同时保证项目质量的话，很容易使得电力企业的财务状况承担过大压力，从而引发投资风险。

（二）融资风险

所谓融资风险，也称为筹资风险，财务理论将其解释为企业因难以承担举债引发的对现金流约束的风险。从这个解释可以看出，企业的融资风险主要是由于过度举债导致的一种财务风险。从实质上讲，电力企业面临的融资风险是由上述的投资风险导致的。具体而言，由于电力行业的快速发展，电力企业的过度扩张使得企业内部现金流难以满足投资需要，虽然基于财务基础的适度举债有利于提高企业价值，但过度举债很容易给企业现金流造成压力，特别是利用短期债务投资于长期性投资项目的情况下，债务结构的失衡最终很容易引发电力企业的财务困境，激发潜在的财务风险。

（三）固定资产风险

固定资产无论是价值量还是规模等方面都在电力企业中占有很大比重，因此，电力企业很多情况下的财务风险事实上都是由固定资产风险引发的。同时，固定资产也很容易出现管理风险，特别是财务风险，因为固定资产的折旧、维护、运行、税务筹划等方面都十分复杂，如果电力企业的管理制度不够严格，财务管理人员素质与岗位要求不匹配，则电力企业的固定资产管理很容易出现疏漏，由于固定资产巨大的价值量，很小的疏漏可能引发巨大的财务风险，因此，固定资产风险是财务风险的重要诱因。

四、强化电力企业财务风险防范与控制的措施

通过上述对电力企业面临的财务风险类型的归纳与论述，我们对电力企业财务风险防范与控制的着力点有了一个初步认识，在此基础上，笔者将进一步深入分析强化电力企业财务风险防范与控制的措施，基于这些具有可操作性的措施，电力企业可以将财务风险控制在一个可接受的水平。

（一）完善投资项目分析制度

在市场竞争日益充分的情况下，识别有价值的投资项目变得越发困难，特别是对我国电力企业的市场化改革不断深入，市场化机制不断引入电力企业内部的情况下，完善对投资项目的分析是合理防范与控制电力企业财务风险的重要举措。针对此，电力企业内部可以采取以下两种措施：第一，完善投资决策制度。由于受到计划经济时期的影响，我国的电力企业普遍采用了直线制组织结构，决策高度集权，这种决策模式受到了市场经济的挑战，因此，电力企业管理层要主动求变，适度放权，在充分听取各方意见的基础上进行投资决策。第二，优化投资分析方法。投资分析有多种方法，现金流折现法在理论上最完备，

电力企业可以改变原有的投资回收期法等静态方法，改为动态方法。

（二）优化资本结构

融资对应着资本结构的形成，鉴于融资风险引发的财务风险，电力企业应当不断调整资本结构，尽量使资本成本保持在低水平。具体而言，第一，要优化期限结构，避免短期负债承担长期投资项目的状况出现，债务的期限要与投资项目的期限匹配；第二，优化融资来源，不同的融资来源对应着不同的融资风险，电力企业要合理搭配内源融资、债务融资的比例关系，如果是上市的电力企业，还应考虑权益融资。

（三）加强对固定资产的核算与管理

加强对固定资产的管理，第一，要完善固定资产的核算制度，明确固定资产的核算要求，对折旧等长期摊销的项目核算要准确；第二，要完善固定资产管理制度，建立固定资产档案并由专人负责调整，避免固定资产流失；第三，要完善固定资产维护制度，建立固定资产使用标准，避免固定资产过度磨损。

第三节 商贸企业财务风险的防范控制研究

目前，商贸企业经营面临的主要财务风险是筹资风险、投资风险、资金回收风险和内部控制风险。当商贸企业发生这四种风险之后，对于企业带来的经济损失巨大，而且影响财务风险的因素难以通过单一的方式进行预防，因此，防范与控制财务风险就成为避免企业经济损失的重要举措。商贸企业财务风险形成的原因主要有三个，即内部财务管理出现漏洞、资金来源结构不合理和企业资金流与业务流不协调。商贸企业财务风险会造成企业经济流失，无法达到预期目标，如何降低商贸企业经济损失的概率，针对这三个财务风险成因采取相应的措施防范和控制财务风险就显得尤其重要。

一、造成商贸企业财务风险的原因

（一）内部财务管理出现漏洞

商贸企业内部财务管理出现漏洞主要体现在对企业固定资产与流动资产管理不当两方面，管理不当非常容易形成财务风险。利益分配不均、资金管理混乱和使用不当是商贸企业在固定资产管理方面出现的普遍问题，再加上财务管理人员风险意识比较淡薄，通常会使企业资金严重流失和使用效率低下。企业流动资产管理是企业财务管理的重要内容，也是商贸企业财务风险发生的重要原因。企业流动资产管理出现漏洞会造成企业应收账款与预付账款失控、企业坏账、存货周转率较低的问题，使企业资金流失、经营亏损，严重妨碍企业的正常运转。

（二）资金来源结构不合理

资金来源结构不合理是指商贸企业对借入资金和自有资金的比例掌握不恰当，换言之，就是说企业的资金来源不合理。资金来源结构在一定程度上反映了企业的经营状况，如果企业借入资金高于自有资金，就说明企业的经营状况不佳；如果自有资金高于借入资金，就说明企业的经营状况良好。目前我国商贸企业的经营资金来源主要是银行贷款，当企业的银行贷款在企业资金结构中所占的比例过高，也就是借入资金过多，就会使企业资产负债率偏高，而到期后企业因为经营不善又无法偿还资金，此时就形成财务风险。

（三）企业的资金流与业务流不协调

一般情况下，企业的资金流与业务流直接影响到企业的到期应付账款和负债结构，企业的资金流与业务流的协调会使企业的到期应付款项和负债结构趋于合理，反之则会使企业的到期应付款项和负债结构失衡。商贸企业的资金流与业务流出现不协调的问题是由企业营销模式设计不合理造成的，这是商贸企业形成财务风险的主要原因之一。不同的贸易企业有不同的营销模式，比如，我国的一些钢材贸易企业就有代理和自营两种营销模式，在这两种营销模式下，资金流又会不一样。然而大多数商贸企业在进行负债结构的设计时，并没有将行业营销模式的特点和企业自身资金纳入设计的参考因素，使企业的负债结构设计不合理，出现财务风险。

二、商贸企业财务风险防范及其控制措施

（一）完善企业内部财务控制机制

商贸企业要不断完善企业内部财务控制机制，从建立健全财务管理制度和内部会计控制制度着手，为财务风险防范和控制提供制度保障。一方面，企业要完善财务管理制度，严格控制企业成本费用、现金流量计算、实物资产和应收账款等方面，及时弥补管理上的薄弱环节，防范财务风险。另一方面，企业要健全内部会计审计控制制度，建立内控规章制度，设置相关的职能部门执行会计审计控制制度，明确部门责任，形成内部相互制约、相互监督的管理体系。此外，企业还要建设一批高素质的财务管理团队，实施岗位责任制

和奖惩机制，加强对财务人员的管理。

（二）优化债务结构

当商贸企业有足够的权益资本时，要及时调整债务结构，有效提高企业资本收益率和确保企业债务偿还能力。企业在优化债务结构的时候，要在保证企业正常运转的基础上降低企业的资产负债率，合理安排企业债务到期数量和日期，保证企业的债务偿还能力，规避财务危机，促进企业平稳快速发展。优化债务结构在消费市场波动性较大的情况下具有非常特别的意义，商贸企业要认清债务结构对于企业发展的重要性，合理控制资产负债率，对于筹资中的成本和收益适当权衡，降低财务风险。

（三）降低筹资成本

商贸企业想要降低筹资成本，首先要合理确定资本结构，着眼于筹资的长远收益与短期收益，确保企业资本结构的合理化、科学化。商贸企业可以通过以下几个方法降低筹资成本：通过多方途径拓宽融资渠道，增加长期筹资的金额，保证企业筹资金额的固定性；提高企业的信用度，加强企业与投资方的合作，为企业的筹资创造良好的市场环境；重视对股权筹资的管理，适当控制比例，降低资金成本，保证企业的经济收益。

第四节　房地产企业财务风险的防范控制研究

房地产市场的火热，带动了我国经济的高速发展，越来越高的房价并不意味着人民生活水平同比提高，反而加重了中低收入群体的压力，严重影响了生活质量。另外，高收入者非理性投资泛滥，引发了投资热，影响房地产产业结构调整，并且使大量社会资金沉淀为难以变现的不动产，导致资金使用效率降低，助长了房地产投资风险，进而危及社会稳定。国家通过对房地产行业进行严格的宏观调控，来提升人民的生活质量，促进房地产市场平稳健康发展。

一、房地产企业防范财务风险的重要性

（一）财务风险的概念

财务风险在企业不同的发展阶段，有不同的表现形式。资本的循环运动过程就是财务

风险的转移和积聚过程。根据企业运行特点，房地产企业的财务风险表现为：投资风险、筹资风险、资金占用风险、销售风险、资金回收风险。

（二）加强风险防范的意义和作用

财务风险贯穿于企业整个生产经营活动的全过程，风险防范的意义主要是有效地识别财务风险，制定财务风险防范体系，降低和减少企业在经营过程中可能产生的财务风险。有利于企业做出正确的决策，实现企业的经营活动目标。

二、房地产企业财务风险管理现状和存在的问题

（一）投资风险

近年来房地产市场过热，房地产开发相对传统行业获取高额回报，很多社会资本纷纷跟投到房地产市场中来，造成房地产行业产业结构比较混乱。房地产作为新兴行业，内部管理体制不完善，从业人员素质参差不齐，管理过程中存在管理能力低、资源信息不完整、信息传递不及时等问题，，计划与实际管理不吻合，整体管控失去平衡，造成对市场行情误判，到期无法取得预期投资回报，或者项目投资失败给企业造成亏损，给房地产企业带来投资风险。投资风险是资本循环所有风险的主导。

（二）筹资风险

房地产公司投资规模大，开发流程耗时较长，资金回收周期长，仅仅依靠自有资金无法满足企业项目开发的需要。而大多数房地产企业融资方式比较单一，多依赖于向银行等金融机构借款等方式获取资金进行生产经营。近年来，为了抑制房地产过热，规范房地产金融市场，监管部门出台了一系列的宏观调控政策，提高房地产开发贷款门槛，减少银行资金向房地产行业的投放量，加剧银行贷款难度。相对于商业银行与政策性银行的房地产开发贷款利率，资产管理公司、信托等金融机构利率高，增加了企业财务成本，扩展融资渠道迫在眉睫。

（三）资金占用风险

房地产企业在开发阶段，资金占用主要集中在土地支出和建造支出，项目开发周期长，资金占用量大，造成资金占用风险高。房地产开发流程可以分解为拿地、设计、施工三个重要阶段。首先，土地在房地产开发中居于基础地位。近几年，各地政府加强土地宏观调控，建立规划调整硬性约束机制，严格控制商品住宅用地供应，土地财政作为各地财政重

要收入供给不足地价上涨。开发过程中的闲置土地，也会被无偿收回或是处以罚款，增加了企业的开发成本。其次，未对施工组织设计方案认真审核，施工过程中频繁的工程签证不利于房地产开发企业控制投资规模。工程签证既包括设计不完善不合理造成图纸变更，也包括施工条件或合同条件的更改引起工程量的变化等造成开发过程中成本支出浪费。最后，受内外部因素影响，开发项目运营计划执行未按节点落实，造成工期延长影响交房，除增加延期交房违约金、监理费等支出，也增加了项目开发资金占用费。

（四）销售风险

房地产项目销售受其产品的价位等因素影响，消费者选择时反复慎重考虑，稍有不满意就会改变主意；而且房地产产品地域属性很强，购买人群大多为本地居住。再者，项目在销售过程中受到定价策略不合理、销售渠道选择不恰当、广告宣传不到位等因素影响，不能及时准确地向消费者传递楼盘信息引导其购买意向，造成销售不能按时完成。另外，受限购、限贷政策影响，符合条件的购买人群范围再次变小，市场预期降低加大了销售压力，造成了房地产销售不同于其他传统行业的销售风险。

（五）资金回收风险

资金回收期限与金额不确定，可变现能力差，资金回笼速度慢，加大了房地产企业财务风险。为了保障购房人的合法权益，防止开发商挪用资金，部分省市实施房地产企业预售资金监管政策，将房地产的预售款划入预售资金监管户实行封闭式管理，要求房地产企业按照完工进度，经过验收并提供相关证明材料，向住建部门申请，才能从银行获取预售款，限制了企业提前通过预售来获取资金的渠道，使企业资金回款期限延长。

企业为了加大销售力度，信用期限制定不科学，虽然实现了"去库存"增加了销售业绩和收入，但是资金不能及时收回，降低了资金利用率，增加了企业成本。

三、防范房地产企业财务风险的对策建议

（一）投资建议

做好房地产项目的正确定位。提高企业管理人员素质，不断提升决策质量，设计科学合理的内部管理体制规避风险。项目前期通过全面细致的深入市场调研和可行性分析，充分了解房地产市场的现状，结合相关法律法规和城市规划，项目地段价值以及市场空间判断，找到适合的客户群体，决策出项目正确的定位。项目定位关乎项目成败和企业发展。

（二）筹资建议

筹资决策除规划资金需求量，以合适的方式筹措到所需资金外，还要权衡不同筹资方式下的风险程度，并提出规避和防范措施。

1. 合理的筹资需求量

根据公司项目的开发节奏，编制全周期现金流，按照资金需求提前制订融资计划、开展融资活动。如果授信金额大于当前资金需求量，可按照资金需求分批提款，防止筹措资金闲置，企业负担高额的资金占用费。

2. 扩展筹资渠道

推行融资租赁方式。融资租赁主要是通过所有权的转变获取相关投资者的资金，完成项目后可通过销售收入收回所有权。成立职工持股会。按照职工在企业服务时间、岗位级别等制定认购比例，认购价格，定期分红。职工持股会作为公司的股东，代表全体持股职工在公司内部行使股东权利，参与公司的管理，既保证了公司股权结构稳定性又给企业筹措到了资金，也增强了职工工作积极性。

3. 要权衡不同筹资方式下的风险程度

既要考虑融资成本，也要考虑放款条件、资金使用要求、对公司股权的影响等众多因素，是否给企业正常生产经营带来风险。

（三）经营建议

作为资金密集型的房地产企业，项目开发周期长，维持和支撑项目开发所需要的资金占用量大，在开发阶段合理控制成本减少不必要的浪费至关重要。

首先，提高土地利用率，合理规划土地用量，根据开发计划拍地。其次，设计作为房地产建安成本控制的关键，决定了公司产品70%以上的成本支出。设计工作水平及设计质量的高低，不仅影响到施工阶段工程投资，也影响到项目建成投产以后经济效益的高低。因此，保证设计质量，减少施工期间的设计变更，就需要房地产公司设计人员加强与设计单位有效信息的传递与沟通，在操作和理论层面不断优化设计内容，节省不必要的设计成本浪费，也为消费者提供更高品质的产品。再次，在企业施工过程中，成本控制贯穿于项目建设的全过程，房地产企业应以目标成本管理为目的，加强质量控制、进度控制、安全控制等。减少施工过程中的签证，合理控制工期，减少因工程延期造成的预售延期、交房延期，带来的预售资金回笼慢、交房延期赔偿，资金占用成本。最后，开发过程中通过品牌溢价、低成本优势、集中采购等控制成本。

（四）销售建议

房地产销售是将房地产企业开发的产品转换成市场需求的桥梁，是房地产企业取得投资回报的重要环节，加强房地产销售关系着项目成败。首先，加强项目宣传推广。房地产销售受地域性影响，购买人群有限，必须加大业务宣传，让更多有需要的购买人群知道项目的存在，了解项目的优势，推进项目的销售。其次，制定合理的营销策略，拓宽销售渠道。紧跟市场节奏推盘，多渠道营销。开展多项目合作联动打造购房节等活动，强强联合提高项目品牌效应；开展内部员工推介折扣、提高佣金比例等方式，发动全员销售的主动性、积极性；开展线上营销、网上 VR 看房让客户身临其境，打破距离局限性等众多营销策略，为项目蓄客；再通过加大优惠、无理由退房等销售方式实现项目有效去化。最后，准确把握销售时机。要根据政策变化、城市规划布局变更等卖点，调整销售方案，实现项目利润最大化。

（五）资金回收建议

房地产企业销售资金作为开发反投，销售应尽快回笼资金，加快资金流动，降低运营成本，最大限度提升资金利用率。对于不同的付款方式的人群要制订不同的方案。一次性付款方式要给予一定的折扣力度，吸引客户选择一次性付款。对于分期付款客户，要在合同中明确约定回款次数与回款期限，到期前主动发函提醒客户，无正当理由到期无法回款应终止协议无息退还已收款，进行再次销售。针对按揭回款，可以先安排客户银行预审，同时办理网签、备案及抵押等事宜，节省银行审批时间尽快放款。同一项目可以选择多个银行开展按揭业务，既加大银行之间服务的竞争，也可以根据每个银行特点（按揭额度是否充足、资格审核松紧等），帮助购房者选择合适的按揭银行，使企业能够快速收回按揭款。

房地产企业发展一定按照自身体量，深入了解政策，选择适当的入市时机和高超的资金调度能力，不能依据自身喜好盲目投资，要适应房地产本身的运行规律，注重因城施策、因地制宜，科学合理地扩大规模，防范财务风险。

参考文献

[1] 王莹，李蕊，温毓敏. 企业财务管理与现代人力资源服务 [M]. 长春：吉林出版集团股份有限公司，2022.

[2] 刘柏霞，徐晓辉. 企业财务分析 [M]. 北京：中国轻工业出版社，2018.

[3] 薛绯. 基于财务风险防范的战略预算管理评价与优化研究 [M]. 西安：西安交通大学出版社，2018.

[4] 南京晓庄学院经济与管理学院. 企业财务管理 [M]. 南京：东南大学出版社，2017.

[5] 胡翠萍. 企业财务风险传导机理研究 [M]. 武汉：武汉大学出版社，2016.

[6] 财政部会计资格评价中心. 中级财务管理 [M]. 北京：中国财政经济出版社，2015.

[7] 陈华庚，张健美，王超. 财务管理 [M]. 上海：上海交通大学出版社，2015.

[8] 中国注册会计师协会. 财务成本管理 [M]. 北京：中国财政经济出版社，2015.

[9] 祝建军. 财务管理 [M]. 大连：东北财经大学出版社，2015.

[10] 朱彦秀，刘媛媛. 财务管理 [M]. 北京：经济科学出版社，2015.

[11] 马忠. 公司财务管理 [M]. 北京：机械工业出版社，2015.

[12] 李春波. 企业危机管理 [M]. 哈尔滨：黑龙江大学出版社，2014.

[13] 高立法，黄炜，宋方红. 中小企业系统管理与危机应对实务 [M]. 北京：经济管理出版社，2014.

[14] 王珮. 金融危机下的企业管理控制系统研究 [M]. 北京：知识产权出版社，2014.

[15] 秦荣生，张庆龙. 企业内部控制与风险管理 [M]. 北京：经济科学出版社，2012.

[16] 黄倩，张春萍. 企业财务管理 [M]. 北京：北京理工大学出版社，2012.

[17] 孙晓琳. 财务危机动态预警模型研究 [M]. 上海：上海交通大学出版社，2011.

[18] 邢精平. 企业财务危机预警分析 [M]. 成都：西南财经大学出版社，2011.

[19] 方军雄. 公司治理视角下的企业持续经营研究 [M]. 上海：复旦大学出版社，2011.

[20] 卓志. 风险管理理论研究 [M]. 北京：中国金融出版社，2010.

[21] 张曾莲. 财务风险管理 [M]. 北京：人民出版社，2009.

[22] 周朝琦等. 企业财务战略管理 [M]. 北京：经济管理出版社，2001.

[23]《企业财务风险管理》编写组. 企业财务风险管理 [M]. 北京：企业管理出版社，

2014.

[24] 陈明亮.基于应收账款周转率和存货周转率的营运资金风险管理研究[J].中国市场，2023（01）：109-111.

[25] 周婷.房地产企业财务风险的防范及控制策略的探讨[J].审计与理财，2022（09）：34-35.

[26] 曹雪梅.保险企业财务风险的防范以及控制研究[J].商讯，2021（01）：17-18.

[27] 韩敏.浅谈电力企业财务风险的防范和控制[J].财富生活，2020（02）：115-116.

[28] 刘冉.保险企业财务风险的防范以及控制思考[J].财经界（学术版），2020（18）：143-144.

[29] 冯正华.保险公司财务风险管理问题研究[J].财政监督，2018（24）：81-85.

[30] 吴媛媛.我国保险企业财务风险及其成因分析[J].现代商贸工业，2018，39（31）：140-141.

[31] 张莹颖.企业预算风险防范措施创新策略研讨[J].财会学习，2018（10）：81.

[32] 张艳.房地产企业财务风险防范与控制[J].时代经贸，2017（34）：18-19.

[33] 潘丹丹.浅谈企业财务风险的防范控制[J].财会学习，2018（18）：53-54.

[34] 朱玉梅.保险企业财务风险的防范与控制研究[J].财会学习，2016（15）：69.

[35] 洪巍.探析新时期保险财务风险管理与控制[J].中国集体经济，2015（28）：139-140.

[36] 杨玲.保险企业经营风险的财务防范及对策[J].中国外资，2012（24）：93+95.

[37] 韩梅.浅谈保险企业财务风险的防范与控制[J].现代商业，2011（11）：192-193.

[38] 钟凤娣.探究商贸企业财务风险防范及其控制措施[J].财经界，2015（23）：296.